TU CURSO
DIGITAL

JORGE ZURITA

ISBN: 978-0-9854160-5-8

«La finalidad de nuestra vida es añadir valor a la

gente de esta generación y de las siguientes»

Buckminster Fuller

*Este libro está dedicado a quienes he venido a llamar **Edu-Empresarios**: Expertos en cualquier área de especialidad o sector productivo, que han acumulado un "saber hacer" que el mercado demanda y deciden **emprender educando**.*

Contenido

¿QUIÉN ES JORGE ZURITA Y POR QUÉ DEBO LEER ESTE LIBRO?   9

INTRODUCCIÓN   13

CAPÍTULO 1 CREA TU CURSO DIGITAL   21

CAPÍTULO 2 CONSTRUYE TU PRIMER EMBUDO   97

CAPÍTULO 3 LLEVA A CABO TU LANZAMIENTO BETA   121

CONCLUSIONES   171

GLOSARIO   177

AGRADECIMIENTOS   185

¿QUIÉN ES JORGE ZURITA Y POR QUÉ DEBO LEER ESTE LIBRO?

No recuerdo a ciencia cierta cuándo exactamente empecé a sacar las peores notas de toda la clase. Lo que sí tengo claro es que desde que estudié la primaria y hasta que obtuve mi título de Licenciado en Derecho, enfrenté serios problemas escolares debido a mi actitud rebelde y mi bajo desempeño académico.

También perdí la cuenta de cuántas veces fui suspendido del colegio por períodos que iban desde 2 hasta 30 días seguidos. A menudo me expulsaban de manera definitiva y sin previo aviso, por lo que terminaba perdiendo un año entero de estudios. Otras veces simplemente no me daban el derecho de inscripción para el próximo período escolar.

Con el tiempo, fui consciente de la paciencia con que mis padres enfrentaban el calvario, ya que siempre buscaban otras opciones donde pudiera continuar mi educación. Debido a que nunca se dieron por vencidos ni renunciaron a mí, yo jamás me negué a continuar y siempre intenté adaptarme a cada nueva escuela a la que llegaba. Sin embargo, en la mayoría de los casos esto no fue suficiente para no ser expulsado de nuevo.

Así pasé toda mi vida de estudiante. Estuve en más de una docena de escuelas y pude conocer de primera mano diferentes sistemas de enseñanza, aunque ninguno de ellos funcionó para mí. Podría decir sin temor a equivocarme, que desde la perspectiva de un alumno conozco la educación tradicional como pocas personas.

Te podrás imaginar que aquellos años estuvieron plagados de dificultades, pugnas y choques para mi. Por aquél entonces, empecé a notar que la educación tradicional no nos prepara para el mundo de hoy, y menos aún para estos tiempos de reseteo sistémico donde impera una epidemia de miedo en la sociedad, ya que deja fuera cuestiones esenciales para sobrevivir y prosperar en una nueva realidad.

Muchos años después, descubrí que mi misión es transformar el sistema educativo y ofrecer una alternativa distinta y más eficiente, para ayudar a más personas a alcanzar su máximo potencial en términos de éxito y felicidad.

Hola, me llamo Jorge Zurita. Soy un empresario que opera sus negocios desde casa, desarrollando programas de capacitación de éxito para ayudar a otros a lograr sus metas personales y de negocio.

Además de ser esposo y padre, también escribo libros e imparto conferencias. Soy fundador y director de Reaching Goals Inc., organización especializada en decodificar las más avanzadas tecnologías de aprendizaje, tomar lo mejor de ellas y producir programas de educación a distancia para fortalecer la auto-confianza, nutrir el alma y educar la mente.

He creado varios cursos presenciales y digitales, que han ayudado a un gran número de empresarios a alcanzar sus objetivos tanto de negocio como personales y en este libro, te presento una metodología paso a paso que utilizo para crear y lanzar mis cursos digitales, de manera que tú también puedas rentabilizar tus conocimientos con un negocio en línea, enseñando lo que sabes.

Quizás has aprendido algo sobre la vida o los negocios para alcanzar un resultado valioso que otros quieren lograr. Ser mentor puede darle un nuevo significado a tu vida, y si tú también estás convencido de que este es el momento perfecto para entrar a la industria de la educación a distancia, no esperes más, da el primer paso y empieza hoy a crear tu curso digital.

INTRODUCCIÓN

Recientemente la educación a distancia dio un salto de por lo menos 10 años hacia el futuro y gracias a las constantes innovaciones en tecnología, la manera de enseñar a través de Internet sigue mejorando día a día. El libro que tienes en tus manos te mostrará el camino a seguir para saber exactamente dónde empezar y hacia dónde dirigir tus esfuerzos, para terminar con un programa educativo de tu autoría y lanzar un negocio rentable en línea.

La industria de la educación virtual está experimentando el mayor auge de su historia. Millones de personas de todas las edades y nacionalidades, se han visto obligadas a conectarse a Internet para todo su aprendizaje. Desde niños que se unen a clases en Zoom todas las mañanas, hasta estudiantes universitarios, estudiantes adultos y la fuerza laboral a nivel global, todos absolutamente están adquiriendo nuevos conocimientos a distancia. Y para nuestra sorpresa, resulta que a la gran mayoría le sienta muy bien esta manera de aprender.

Hombres y mujeres de todo el mundo buscan lo que necesitan en Internet y están aprendiendo cosas nuevas a través de personas que ya han tenido éxito en el área de conocimiento de su interés. Aprenden directamente de especialistas que han logrado los mismos resultados que buscan y lo están haciendo a una fracción de lo que cuesta una escuela tradicional o aprenderlo por cuenta propia y sin la ayuda de un mentor.

El *E-Learning* es una de las industrias cuya curva de crecimiento ha sido casi vertical. Piénsalo ¿dónde más puedes aprender lo que quieras desde la comodidad y seguridad de tu propia casa? ¿Dónde más puedes tener esta oportunidad de aprender de los mejores expertos del planeta, sin importar en qué parte del mundo se encuentren? ¿Dónde más puede tener aprendizaje bajo demanda, educación bajo demanda, transformación bajo demanda, las 24 horas del día?

Ahora, ¿qué crees que va a pasar una vez que la gente se acostumbre a aprender en línea? ¡Exactamente! No querrán detenerse. Querrán seguir usando Internet para aprender, crecer y transformar sus vidas.

La buena noticia es que tú también puedes subirte a esta ola que va en ascenso y reclamar una rebanada de este enorme pastel. ¿Cómo? "Emprendiendo con un negocio en línea, enseñando lo que sabes".

Sé que te puede parecer exagerado, pero en lo referente a creación de cursos digitales, este es quizás el libro más importante que puedes leer en este momento. Entiendo que es una afirmación atrevida, pero lo cierto es que estas páginas te proporcionarán el eslabón que te falta para convertir tu sueño de crear un programa de capacitación en tu área de especialidad, en una realidad palpable.

En este libro te presento los aspectos básicos a tomar en cuenta, para que a partir de tus conocimientos y experiencia, desarrolles un curso digital de alta demanda. También encontrarás elementos que debes considerar para construir tu autoridad de experto, crear una comunidad de seguidores y empezar a gozar de las ventajas que significa poseer un negocio *punto com.*

A lo largo de estas páginas, encontrarás ejemplos de otros programas en línea que he creado, así como las maneras exactas en que otras personas están logrando resultados extraordinarios, creando sus propios cursos y rentabilizando sus conocimientos.

Ya sea que estés empezando desde cero y busques una nueva fuente de ingresos en la industria de la educación a distancia, o ya tengas experiencia en el espacio virtual y quieras darle un impulso de ventas a tu actual negocio; este libro te ayudará a lograrlo.

Estás iniciando una gran aventura, ya que una vez que culmines la proeza de crear tu programa de entrenamiento a distancia, te encontrarás con nuevos retos que habrás de resolver. El modelo que aquí te presento consta de 3 pasos, mismos que se desarrollan a detalle en los 3 capítulos del libro:

- *CREA TU CURSO DIGITAL*
- *CONSTRUYE TU PRIMER EMBUDO*
- *LLEVA A CABO TU LANZAMIENTO BETA*

A lo largo de estas páginas encontrarás algunas **"Claves de Éxito"**, un compendio de técnicas y consejos prácticos que si las aplicas, le ayudarás a tus alumnos a aprender más, retener más y aplicar de inmediato lo aprendido, y harás que el proceso de enseñanza resulte una experiencia motivante y divertida.

¿Tienes que invertir tiempo y esfuerzo para iniciar este negocio? **Claro que sí–y mucho.** Quizás te tome varios meses completar tu curso digital, pero te recuerdo que estás construyendo algo valioso y duradero, por lo que eso no debe desanimarte. Una vez que terminas el programa con un curso digital en tus manos y un embudo para empezar a venderlo, lo más difícil ya está hecho.

A partir de ese momento, sólo tienes que enfocarte en llevar a cabo la misma estrategia de generación de tráfico masivo que aquí te revelaré, para que tu embudo de ventas haga su magia y convierta a tus visitantes en clientes que pagan por tu entrenamiento.

Por otro lado, cuando tu intención no es la de crear un curso para venderlo por Internet, sino educar a tus clientes, colaboradores, afiliados y distribuidores, acerca de algún aspecto de tu negocio, entonces puedes crear y obsequiar tu curso digital, lo que equivale a utilizar una de las herramientas de promoción más poderosas que existen: El marketing de contenido.

Cómo podrás ver, tener tu propio entrenamiento al final del día se traduce en mejores ingresos para ti.

Por cierto que para la mayoría de pequeños y grandes negocios, educar a sus clientes sobre algún tema relacionado con lo que venden, ya no es algo opcional, sino un requisito indispensable para tener éxito.

Un curso de tu autoría, además de generarte ingresos al venderlo, también te posiciona como experto con clientes calificados que están dispuestos a comprar otros productos que lleven tu sello, ya que te reconocerán como autoridad en tu industria.

Tú decides: puedes crear tu curso para obtener ingresos por su venta o utilizarlo para hacer marketing en tu negocio. También puedes ofrecer a terceros tus servicios de experto en creación de cursos, desarrollando programas de capacitación a la medida de sus necesidades, lo cual es una actividad que va en ascenso y te resultará muy redituable.

Por ahora, solo puedo decirte que este libro tiene el potencial de darle un giro a tu vida e impulsarte hacia adelante. Yo ya hice mi parte poniendo a tu alcance un método efectivo para crear tu curso en línea, fácil de entender e implementar, a fin de que logres lanzar tu negocio *online*.

El éxito en este proyecto depende de tu total compromiso. Lo que no hagas para lograr tus metas, nadie más lo hará por ti.

Te invito a registrarte en la página que aparece en la contraportada de este libro y formar parte de la primera comunidad de **Edu**

Empresarios en línea. Personas como tú que han acumulado un "saber hacer" que el mercado demanda y se lanzan a construir un negocio próspero enseñando lo que saben.

Tu Curso Digital te va a funcionar, sólo necesitas invertir el tiempo necesario para implementar el método que aquí te presento. El éxito vendrá después.

Estoy muy agradecido de que estés aquí, gracias por tu confianza y compromiso. ¡Empecemos!

CAPÍTULO 1
CREA TU CURSO DIGITAL

El objetivo de este capítulo es proyectar la visión de un curso exitoso para luego crearlo. El secreto está en la planificación. Las decisiones que tomes ahora te permitirán llevar a cabo este proceso con confianza y facilidad, aumentando tus posibilidades de éxito al momento de lanzarlo a la venta.

Al finalizar este capítulo, sabrás cuales son las 10 decisiones clave que debes tomar para crear tu contenido, por lo que podrás enfocarte en los detalles que harán que tu negocio se mueva hacia adelante.

Este segmento del libro está diseñado para que el proceso de toma de decisiones clave te resulte sencillo y mantengas la motivación necesaria para seguir avanzando hasta terminar.

No olvides que todo lo que vas a hacer durante el proceso de planeación y desarrollo de tu curso, puedes revisarlo y cambiarlo en cualquier momento, lo más importante por ahora es que no te detengas y sigas adelante hasta completar todos los pasos.

1.1 EL TEMA DE TU CURSO

Aclarar el tema de tu curso es el punto principal para iniciar este viaje. Una vez que resuelves ese primer punto, todo lo demás empieza a fluir de manera natural. Es posible que ahora mismo tengas una idea, o varias (o tal vez ninguna), para el tema de tu curso. Independientemente de dónde te encuentres en este momento, es importante que tu tema combine los siguientes 3 elementos:

a)   Es algo que sabes hacer muy bien

b)   Es algo que te gusta y/o te apasiona

c)   Es algo para lo cual hay una demanda

Por ejemplo, si te gusta la repostería y tienes mucho talento para hacer pasteles con un estilo que está de moda y todo mundo quiere aprender, estás frente a una combinación ideal.

Imagínate que solo tienes cubiertos los puntos **a** y **b** (es algo que sabes hacer bien y que te gusta) pero no el **c** (no hay demanda para ello), o bien, que tienes el **a** y el **c** (es algo que sabes hacer bien y hay demanda), pero no el **b** (no te gusta). ¿Estás de acuerdo en que tendrías un enorme reto en cualquiera de esos casos? Faltando alguno de los elementos no vas a tener éxito o no vas a disfrutar enseñando y comercializando tu tema, que es otra manera de no tener éxito.

Lo primero que quiero que hagas es ubicar tu área de experticia.

Piensa en la experiencia que tienes, en los conocimientos en algún área de desarrollo personal o sector productivo por los que gente a tu alrededor te ubica. Si quieres tener mayor claridad, anota todas las ideas que te vengan a la mente. Es posible que tu experiencia y conocimientos abarquen dos áreas completamente distintas.

Si tienes dos áreas, elige la que más te guste, la que más disfrutes y muy importante, la que logres identificar que tiene mayor demanda. Ahora bien, no se trata de que seas el mayor experto en ese tema ni que les lleves una ventaja enorme a tus estudiantes, solo tienes que saber más de ese tema que ellos.

¿Cuánto más? Lo suficiente para haber logrado algún resultado notorio en tu vida.

Un resultado que ellos quisieran lograr. Yo diría que un 30% a 40% más de experiencia que tus alumnos, es suficiente para poder enseñarles algo nuevo y valioso. Lo más importante es que eso que sabes, te haya brindado resultados deseables para alguien más.

Si logras conformar estas características en tu tema, significa que vas por muy buen camino. Lo que enseñarás a los demás, es *cómo exactamente* obtuviste esos resultados.

Cuando tengas definido aquello que tu curso promete lograr, identifica otros puntos complementarios que puedan hacer de tu programa una experiencia de aprendizaje más completa e incluye esos temas también. Es importante que decidas si tu tema es general y abarca varias áreas, o específico y sólo se centra en un aspecto en particular, pero de esto te hablaré más adelante.

Aquí tienes algunos ejemplos derivados de mi experiencia en producción de eventos, para que veas cómo decidí estructurar dos cursos distintos, uno general y otro específico.

En mi programa **Eventos Redituables** (ilustrado en la imagen 1), que fue un curso con un tema general, enseñaba a mis alumnos cómo lanzar un negocio de organización de eventos desde casa. Era un programa de introducción, apto para cualquier persona que quisiera lanzar un negocio en esa industria, pero sin entrar en demasiado detalle, ni tratar cuestiones específicas.

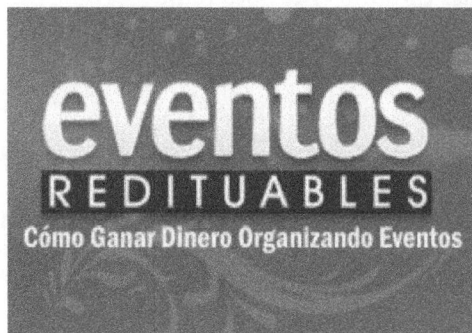

Imagen 1. *Eventos Redituables*

Ahora veamos un ejemplo de un curso enfocado en un tema específico:

Más adelante, con mi curso **Temas para Eventos** (ilustrado en la imagen 2), enseñé a mis alumnos cómo impactar a sus clientes e invitados, a través de crear ambientes espectaculares.

Este fue un curso muy específico enfocado en producción de fiestas y eventos temáticos.

Imagen 2. *Temas para Eventos*

Cómo fue una de las áreas que mejores resultados le trajo a mi negocio de eventos, tenía mucha información valiosa que podía compartir con otros empresarios del ramo, con el fin de ayudarles a incrementar sus ganancias a través de este nuevo servicio.

Algunos organizadores de bodas tomaron mi curso (que estaba enfocado en eventos para empresas), pero aprendieron mi metodología y adaptaron el contenido a su negocio.

Este era un curso de tema específico. También es importante definir si tu enfoque de enseñanza es práctico o teórico.

En mi caso, prefiero aprender y enseñar siguiendo un esquema paso a paso, es decir, práctico, metódico y seguir una secuencia. Esa manera de enseñar me ayuda a distinguir mis cursos de otras alternativas que hay allá afuera.

El enfoque de enseñanza de ir de un **punto A** a un **punto B**, con una metodología paso a paso y en el menor tiempo posible, es el que mejor me ha funcionado. Además, este sistema te ayuda a comercializar tu programa haciendo énfasis en la obtención de resultados, o lo que es lo mismo: la transformación a que da lugar tu programa.

El estilo de enseñanza teórica consiste en exponer y explicar conceptos desde un punto de vista específico.

Seguramente habrá más personas allá afuera enseñando cursos similares al tuyo, por lo que la manera en que entregas tu información a tus alumnos, tu enfoque de enseñanza, es lo que te diferenciará de tus competidores.

CLAVE DE ÉXITO

"Empodera a tus participantes, dales las herramientas que necesitan, déjalos hacer las cosas por sí mismos y el aprendizaje durará toda la vida"

Y para finalizar, quiero comentar acerca de lo que no se vende cuando se trata de lanzar un curso digital al mercado. Si tu curso no establece un enfoque de enseñanza específico, no se venderá. Debe tener estructura y garantizar como llegarán del **punto A** al **punto B**.

Entonces, es indispensable enseñar con base en un sistema, una metodología, una fórmula. Algo que aprendiste o que tú mismo desarrollaste, que garantice la obtención de los resultados esperados. Otra razón por la que un curso no se vende, es cuando no está validado. No porque tengas una buena idea en mente, significa que necesariamente se va a vender.

En otra sección del libro te enseñaré a validar tu idea de curso para evitar este problema. Un curso que no promete un resultado, no se venderá. La gente busca una promesa clara de la transformación que obtendrá.

Cursos con demasiado contenido no se venderán y si lo hacen, tus alumnos abandonaran el programa antes de terminar y por lo tanto, no tendrás la prueba social que te brindan los testimoniales de quién implementa lo aprendido y logra el resultado. Cursos con muy poco contenido no serán percibidos como valiosos y tampoco se venderán.

Un curso muy caro o muy barato, no se venderá. En otra sección del libro te enseñaré cómo establecer el precio adecuado para tu curso.

Temas relacionados con: cómo desarrollar tu contenido, cómo cobrar por tu curso y otras cuestiones esenciales para tener éxito, están cubiertos en este libro y en el reto **Tu Idea de Curso Redituable**, un evento online gratuito que se prolonga durante una semana, en el que puedes poner en práctica los primeros pasos para crear tu curso digital con un enfoque de rentabilidad.

Para finalizar, te presento un ejemplo de cómo elegí el tema del curso en línea que desarrollé con base en las enseñanzas de este libro, quizás esto te sirva para clarificar el tema de tu curso.

En mi caso, mi pasión es enseñar y compartir mis conocimientos y experiencia, y eso es algo hago a través de cursos y libros.

En los últimos años he desarrollado un talento para crear páginas web y embudos de venta. Por otro lado, resulta que mi público objetivo son personas que necesitan ayuda en esas dos áreas. Es decir, hay un mercado con una necesidad concreta de algo que sé hacer bien y me apasiona.

¿Cuál es mi solución? Escribir este libro, lanzar el reto **Tu Idea de Curso Redituable** e impartir un seminario en línea con la misma temática

CÓMO CREAR Y LANZAR A LA VENTA TU CURSO DIGITAL

Veamos de nuevo cuáles son los 3 elementos clave para definir el tema de tu curso:

ALGO QUE SABES HACER MUY BIEN

Mientras piensas en: qué es ese "algo" que sabes hacer muy bien, es importante recordar dónde estabas previo a saberlo. ¿Cómo era tu vida antes de aprender eso que ahora sabes y por lo que hoy eres un experto en tu área? Seguramente esas cosas te parecen hoy demasiado simples, ¿pero que crees? son esas pequeñas cosas que fuiste aprendiendo y te trajeron hasta donde estás, lo que tu audiencia espera que le enseñes.

Ellos quieren aprender como llegar del punto en el que se encuentran, al punto al que tú llegaste y cuánto más rápido lo logren, tanto mejor.

Encontrarás una sección en este libro referente a "cómo posicionarte como experto en cualquier área de especialidad", vuelvo a dejar muy claro que no es necesario que seas el mayor experto en tu campo o que tengas todas las respuestas en esa materia; sólo necesitas saber más que tu participante potencial acerca de tu tema.

ES ALGO QUE TE GUSTA Y/O TE APASIONA

Basta con que algo te guste para elegir tu tema. No tiene que ser necesariamente tu pasión, sólo debe de entusiasmarte la idea de poder enseñarlo y si sí es tu pasión, pues ahí tienes otro punto a tu favor. Tampoco es necesario que enseñes todo absolutamente lo relacionado con ese tema, al menos no por el momento; eso vendrá después si así lo decides.

Es muy importante que te emocione la idea de compartir lo que sabes de esa materia, ya que eso mantendrá tu entusiasmo en un nivel alto si las cosas se llegan a poner difíciles. Cuando eso suceda, si estás haciendo algo que verdaderamente te gusta, vas a superar el problema, en lugar de tomar la primera salida que aparezca en tu camino y tirar la toalla.

ES ALGO PARA LO CUAL HAY UNA DEMANDA

Tu cliente ideal te comprará cuando le ofrezcas una solución que sea lo suficientemente importante para él, al grado de estar dispuesto a poner dinero al frente para ver resultados. La gente no paga por cualquier contenido; tiene que ser algo que les facilite la vida y les proporcione un atajo o una verdadera transformación.

Pero atención, es necesario que un buen número de personas esté demandando esa solución, de lo contrario tu curso no será rentable.

Por último, no olvides definir si tu contenido será general o específico y si tendrás un enfoque teórico o práctico.

Si quieres ir más a fondo en estos temas y avanzar a paso firme no sólo en la definición de tu tema, sino en la creación de tu curso digital, participa en la próxima edición del reto gratuito **Tu Idea de Curso** (Reto TIC), donde conocerás los elementos indispensables para desarrollar un programa educativo de alta demanda y un negocio digital rentable.

Visita la página web al final de este libro y aparta tu lugar en la próxima edición de este evento transformador.

1.2 PERFIL DE TU CLIENTE IDEAL

Hasta no tener claro a quién va dirigida tu información, no debes empezar a crear tu contenido, de ahí la importancia de definir a tu cliente ideal o avatar.

TU CLIENTE IDEAL O AVATAR

Hay una persona en la que vas a pensar al momento de crear tu curso digital. Esta persona no es un invento, sino que surge de tu investigación para conocer y definir a fondo el perfil de quienes conforman tu mercado meta. En realidad es una ficción, sí, pero esta persona estará tan bien definida, que por momentos te parecerá que existe en el mundo real.

Cuando tratas de atraer a todo el mundo, terminas por no atraer a nadie. ¿Por qué es importante esto? Porque tu cliente ideal es la persona que quiere y necesita el curso exacto que estás creando, y es fundamental que tengas claro a quién estás sirviendo con tu programa educativo, antes de empezar a crear tu contenido.

Querer captar la atención de los consumidores sin un enfoque dirigido, provocará que tu mensaje se pierda en el inmenso océano del ruido cotidiano.

CLAVE DE ÉXITO:

"El grado de compenetración que tienes con tus alumnos, es el grado de influencia que tus enseñanzas tienen en su mundo"

No intentes venderle a todo mundo, como sucede en la imagen 3 "Objetivo indefinido", puesto que terminarás por no venderle a nadie."

Imagen 3. *Objetivo indefinido*

Si mandas un mensaje con detalles y especificaciones que resuenan con tu avatar, como se aprecia en la imagen 4, es más fácil captar su atención y lograr que adquieran tu curso.

"Ten muy claro a quién va dirigida tu oferta!"

Imagen 4. *Objetivo Definido*

Si conoces y hablas su lenguaje y utilizas palabras adecuadas que le hagan *clic* a tu avatar, captarás su atención, se interesará en lo que ofreces y podrás establecer confianza. Cuando eres específico en lo que promete tu curso y en la persona a la que va dirigido, tu cliente ideal empieza a creer que diseñaste ese curso específicamente para él. como se muestra en la imagen 5 "¿Te refieres a mi?".

Imagen 5. *"¿Te refieres a mi?"*

Por ejemplo, cuando creé mi curso **Actividades para Eventos,** ilustrado en la imagen 6 "Curso de Actividades para eventos", lo hice enfocado en un nicho muy específico.

Este curso lo diseñé pensando en organizadores de eventos con un negocio ya en operación, personas que quisieran ampliar sus ventas ofreciendo actividades de integración durante sus eventos. Es decir, tenía muy claro quien era mi **cliente ideal**.

Imagen 6. *Curso de Actividades para Eventos*

Sabía que ese cliente ideal era un empresario con un negocio operando, que buscaba expandirse y generar una fuente adicional de ingresos. Conocía las razones de porqué no daba ese primer paso para ofrecer algo nuevo. También tenía claro cómo este empresario podría vender a sus clientes esos nuevos servicios, de manera fácil y segura.

En suma, conocía los retos que enfrentaba, sus preocupaciones, lo que le quitaba el sueño por las noches (puesto que yo había estado en sus zapatos) y las soluciones para superar cada uno de esos obstáculos.

Este es uno de esos típicos casos en los que el autor del curso, es también su propio AVATAR.

Como organizador de eventos había pasado por los mismos problemas y frustraciones que ellos. Sabía qué funcionaba y qué no. Todo ese saber lo recopilé y lo integré no solo en mi curso, sino en mi mensaje de venta.

¿Cuál fue la conclusión? Diseñé un programa a la medida de las necesidades de mi cliente ideal y fue un éxito rotundo.

¿Te das cuenta de la importancia que tiene definir perfectamente a tu cliente ideal?

Imagen 7. *Mejorando tus resultados de venta*

Durante la semana del reto gratuito **Tu Idea de Curso**, empleamos "técnicas de aprendizaje acelerado" con las que los participantes pueden dar los primeros pasos en la creación de su curso digital, lo que les permite experimentar de primera mano nuestra metodología de enseñanza.

La clave reside en la «participación». Nuestro enfoque sigue el viejo dicho: «Lo que oyes lo olvidas, lo que ves lo recuerdas, lo que haces lo entiendes». De ahí que llevemos a cabo ejercicios prácticos durante la semana del evento, para que cada participante defina, entre otras cosas, a su cliente ideal.

CLAVE DE ÉXITO:

"Tus creencias acerca de la habilidad de cada participante para aprender cosas nuevas y lograr sus metas, son determinantes en su aprendizaje y su nivel de éxito"

La idea es terminar el desafío con una *"fotografía en alta definición"* de su buyer persona, un perfil tan bien elaborado, que por momentos parezca cobrar vida en el mundo real.

Así de clara y detallada debe ser la definición de tu cliente ideal y eso es algo que puedes aprender a definir asistiendo al **Reto TIC**.

1.3 TIPO DE CURSO

En esta lección conocerás los tres tipos de cursos más populares en el espacio del marketing online hoy en día: el curso de inicio, el curso avanzado y el curso integral. Independientemente de dónde te encuentres en tu aventura empresarial, uno de estos tres tipos de curso será el adecuado para ti.

Esta tercera decisión, sumada a las dos anteriores, te brindará la motivación que necesitas para generar *momentum* y aprovechar tu propia inercia para seguir avanzando.

SELECCIONA EL TIPO DE CURSO QUE QUIERES CREAR

En mi experiencia, hay 3 tipos de cursos digitales que puedes desarrollar.

Seguramente hay más de 3, pero en esta ocasión vamos a concentrarnos en los más comunes, que además son los que mejor me han funcionado a la hora de crear mis propios programas:

- Curso de Inicio
- Curso Avanzado
- Curso Integral

¿POR QUÉ ES IMPORTANTE ESTO?

Seleccionar tu tipo de curso te dará claridad sobre qué contenido incluir para lograr los resultados que prometes y algo muy importante, cómo fijar el precio.

A continuación te presento una visión breve de cada uno de ellos, para ayudarte a decidir cuál es el mejor para ti y para tu audiencia.

EL CURSO DE INICIO

Un curso de inicio es el punto de partida para ayudar a tus estudiantes a iniciarse en un área de especialización. Tu capacitación les brindará la información y el apoyo suficientes para ayudarlos a comenzar y avanzar, pero sin ir a fondo.

Piensa en este tipo de programa como una introducción, una forma de familiarizarse con la materia de tu curso e impulsarse hacia adelante.

Con un curso para principiantes tus alumnos producirán pequeños pero muy valiosos resultados, que pueden conducir a éxitos mayores si continúan avanzando con su aprendizaje.

Mi primer curso digital fue un curso de inicio y se llamó: **"EVENT PLANNING MASTERS"**, ilustrado en la imagen 8.

Imagen 8. *Curso Event Planning Masters*

Gracias a este curso puede conocer los detalles de cómo hacer programas de capacitación en línea.

Además, me ayudó a conocer las necesidades de mi audiencia, y me puso en el camino del éxito para más adelante, cuando estuve listo, poder crear un curso más complejo.

Si estás pensando crear un curso de inicio o para principiantes, concéntrate en presentar una visión general del tema y recuerda:

- No debes incluir demasiada información.
- No incluyas todo lo que sabes, esto es sólo una introducción general al tema.

PROS Y CONTRAS DE UN CURSO DE INICIO

PROS

- Esta es una gran opción si estás empezando en la creación de cursos digitales.
- Con este tipo de curso puedes calibrar motores y adquirir experiencia.
- Por lo general, este tipo de curso se ofrece a un precio más bajo, lo que lo convierte en una decisión más sencilla para tu audiencia a la hora de adquirirlo.
- Este tipo de programas deja a tus estudiantes con ganas de saber más, lo que permite moverse posteriormente a un curso avanzado e integral.

CONTRAS

- Un curso para principiantes puede representar un gran esfuerzo para un rendimiento menor. ¿A qué me refiero con esto? Con este tipo de curso puedes correr el riesgo de revelar demasiado contenido a un precio bajo.

CLAVE DE ÉXITO:

"Incorporar elementos que puedan añadir alegría y motivación a tu labor de enseñar, hará que el proceso de aprendizaje se vuelva más divertido para los involucrados"

EL CURSO AVANZADO

Un curso nivel avanzado se enfoca y profundiza en una área principal. Mientras que el curso de inicio es más general, un curso avanzado ofrece información específica y detallada de algún aspecto del aprendizaje.

Con él puedes seguir una metodología paso a paso y enfocarte en ayudar a los estudiantes a producir resultados muy específicos, en un área en particular.

Mi primer curso avanzado fue "SPECIAL EVENTS ACADEMY", ilustrado en la imagen 9, con un enfoque de enseñar exactamente "Cómo lanzar un negocio de eventos en 30 pasos".

Este curso me permitió ofrecer a los participantes información específica en un esquema paso–a–paso, para ayudarles a obtener un resultado en poco tiempo: montar su negocio de eventos de manera formal.

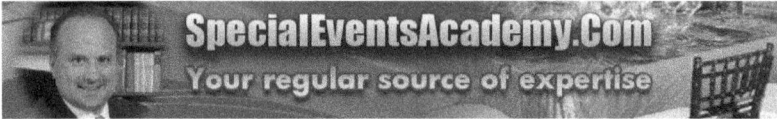

Imagen 9. *Curso Special Events Academy*

No abordé ningún tema adicional, como por ejemplo: "cómo vender" o "cómo producir cada tipo de evento" sólo: "cómo montar el negocio", para posteriormente estar en posición de salir a vender y producir eventos.

Algo que debes tomar muy en cuenta al decidir crear un curso de este tipo, es que puedes llegar a sentirte limitado enseñando sólo un aspecto del tema, sabiendo que tienes mucho más que enseñar. Pero eso no debe preocuparte. Sólo asegúrate de ir al fondo del asunto, sin desviar la atención de tus alumnos a otros temas.

PROS Y CONTRAS DE UN CURSO AVANZADO

PROS:

- Un curso avanzado puede ser una buena forma de segmentar tus conocimientos, si sientes que tienes demasiada información que podría abrumar a tu audiencia.

- Este tipo de curso te permite profundizar y concentrarte en un sólo tema y eliminar la presión de crear demasiado contenido.
- Puedes cobrar más por un curso avanzado (en comparación con un curso de inicio), porque la promesa que haces es más definida.

CONTRAS

- Tu audiencia puede estar preparada y lista para tu sistema completo, en lugar de solo un curso acerca de una área específica. Aquí es donde la validación de tu idea de curso es crucial. Puedes sentirte encasillado con un sólo tema cuando tienes tanto que compartir.

CURSO INTEGRAL

Este es un curso que enseña todo un sistema completo de manera integral. Es el más complejo de los 3 tipos de cursos.

En él se incluye todo un marco de conocimientos, de principio a fin y a profundidad, que conducen a una transformación total de la vida o negocio del estudiante.

Un ejemplo de curso integral que produje lo puedes ver en la imagen 10, y es *"ALWAYS GREAT EVENTS"*, un compendio de conocimientos, tanto teóricos como prácticos, así cómo una amplia gama de de ejercicios, que enseñaba absolutamente todo lo que había que saber para lanzar, operar y hacer crecer un negocio de eventos como el que yo mismo fundé e hice crecer, hasta convertirlo en el líder de su nicho en la industria.

Sistema Paso-A-Paso Para Lanzar Y Operar Un Exitoso Negocio De Organización De Eventos

Imagen 10. *Sistema Always Great Events*

a★g★e–resultó ser todo un sistema para hacer negocios dentro de la industria de los eventos, que ayudó a quienes lo tomaron a configurar un plan estratégico para incrementar sus resultados, producir eventos de magnitud teatral, organizar actividades de integración para equipos de trabajo y en última instancia, transformar por completo su negocio, haciéndolo más profesional y rentable.

Lo mejor de todo: creé este curso porque los estudiantes de mis programas anteriores me pidieron más información para seguir su camino al éxito. Escuche los retos, deseos y necesidades de mis alumnos en mis cursos previos y desarrollé este programa integral, replicando un modelo que permitió a mi negocio de eventos generar millones de dólares en su momento.

CLAVE DE ÉXITO:

"Un curso se da dentro de un entorno seguro e inyectar un elemento de riesgo en la situación de aprendizaje, desencadena la audacia natural del alumno, sin temor a fracasar"

Un curso integral puede ser una mina de oro si lo ofreces al público ideal en el momento adecuado.

Ten en cuenta que estos cursos, si bien pueden generar jugosas ganancias para ti, implican mucho tiempo y esfuerzo para desarrollarse, aunque también pueden resultar en grandes transformaciones y avances para quienes los toman.

Si vas a crear un curso integral, asegúrate de estar listo antes de comprometerte a llevarlo a cabo. Piensa que en realidad quieres lograr esta proeza de manera exitosa.

PROS Y CONTRAS DE UN CURSO INTEGRAL

PROS:

- Estos cursos consolidan tu autoridad de experto y son aquellos por los que puedes cobrar el precio más alto del mercado. Yo recomiendo que empieces con cualquiera de los 2 primeros tipos de curso. Si estás iniciando y jamás has hecho un curso, no debes arrancar con un curso integral.

CONTRAS:

- Un curso integral requiere de mucho más tiempo y esfuerzo que los otros dos. También puede abrumar a tus alumnos, si no organizas bien tu contenido.

Te estarás preguntando: ¿Necesito tener los 3 tipos de cursos en mi negocio? No. Con un solo curso puedes tener ingresos importantes durante mucho tiempo.

Por ahora solo enfócate en crear un sólo curso. Yo te recomiendo que empieces con cualquiera de los anteriores ejemplos: de inicio y avanzado.

¿Qué es lo más importante para escoger mi tipo de curso? Primero concentrate en tu tema ¿Qué vas a enseñar? y asegúrate de que la respuesta a esta pregunta coincida con lo que quiere tu avatar.

¿Cuál es la transformación que obtendrán? ¿Qué tan grandes son los resultados que quieres ofrecer? De tu respuesta depende el tipo de curso que puedes crear.

DURACIÓN

¿El tipo de curso dicta su duración? La respuesta es: Sí.

En el primer caso el curso de inicio, es más una introducción y no un sistema integral, no necesitas hacer tantos módulos y lecciones. Los estudiantes pueden terminar este programa en pocas horas. En el segundo caso, el curso avanzado, toma más tiempo para crearse y completarse. Y en el caso del curso integral, el tiempo es aún mayor y el contenido suele liberarse a los alumnos en períodos que duran varias semanas.

PRECIO

¿El tipo de curso dicta el precio que puedes cobrar? Sí, pero eso lo veremos en otra sección del libro, donde vamos a considerar todos los factores que hay que tomar en cuenta para establecer el precio adecuado.

Ahora que ya conoces los 3 tipos de cursos, quiero que decidas cuál es el mejor para ti. No hay una opción correcta o incorrecta, toma tu decisión y sigue adelante. Todo se irá acomodando en su lugar poco a poco.

En caso de que quieras ir un paso más adelante, te invito a participar en el reto gratuito online: **Tu Idea de Curso (Reto TIC)**, donde descubrirás los componentes de cada tipo de programa formativo y cual es el mejor para ti.

1.4 EL NOMBRE DE TU CURSO

En esta sección del libro revisaremos el proceso para encontrar el nombre ideal para tu curso. Este paso suele causarle muchos problemas a los emprendedores novatos, puesto que al no encontrar el nombre perfecto, se desaniman y abandonan su proyecto. Afortunadamente eso no te sucederá a ti. Te presentaré algunas fórmulas efectivas para encontrar el nombre de tu curso de manera fácil y rápida, para que completes este paso del proceso y sigas adelante.

¿Estás listo para nombrar tu curso? Eso es exactamente de lo que trata esta lección.

¿POR QUÉ ES IMPORTANTE ESTO?

Una vez que eliges un nombre para tu curso, tu idea empieza a cobrar vida y el proceso se acelera. El nombre perfecto puede llegarte en diez minutos o en un par de horas, quizás te tome un poco más de tiempo; pero no debes quedarte atorado en este paso. Tu objetivo es elegir un nombre que funcione por ahora y seguir adelante con las siguientes decisiones y acciones. Recuerda que siempre podrás volver a este punto y hacer los ajustes que estimes conveniente.

Para estas alturas ya aprendiste a seleccionar el tema de tu curso, identificar a tu cliente ideal y escoger el tipo de programa que mejor se adapta a ti y a tu público objetivo. La gente batalla mucho para ponerle el nombre, no sólo a un curso sino a cualquier negocio. No te compliques, eso puede incluso hacerte abandonar este proyecto tan importante y no terminar nunca.

Por supuesto que es posible resolver este paso del proceso en uno o dos días y tú también lo vas a lograr.

- Recuerda, ubica a tu avatar y la razón porqué lo estás sirviendo.
- Ponte en sus zapatos mientras eliges el nombre.
- Tu avatar debe sentirse motivado a inscribirse con ese nombre.

Como por ejemplo el nombre del Seminario en Línea: "**Tu Curso Digital**", engloba la idea de que te ayudará a generar precisamente eso, un curso digital de tu autoría, y en el subtítulo y video de ventas, te aclaro que también te ayudaré a construir un negocio a partir de él. Es un buen nombre que hace clic con mi audiencia, pero tampoco es la gran cosa.

CLAVE DE ÉXITO:
"Construir un sentido de pertenencia acelera el proceso de enseñanza y aumenta la confianza del alumno"

No es un nombre perfecto, de hecho, pero no iba a dejar que eso me detuviera o me quitará tiempo valioso. Pude haberme pasado 2, 3 ó 10 días más buscando un mejor nombre, quizás no lo hubiera encontrado tampoco, pero detenerse en estas cosas de importancia secundaria, puede descarrilar tu principal proyecto que es crear tu curso digital.

Recuerda, **un nombre perfecto no vende por sí solo**, no es garantía de que tu curso será un éxito y siempre puedes regresar a este punto para intentar encontrar algo mejor.

Te voy a dar un ejemplo de nombre de curso:

Si eres especialista en programar sitios web, un curso que se llame «Cómo programar páginas web» no llama tanto la atención. Hay mucho material con ese estilo de nombre y ese título no aporta ningún dato valioso, ni despierta la curiosidad de nadie.

En cambio, un curso que se llame: "Cómo programar páginas web profesionales en 5 días o menos, para principiantes", puede resultar mucho más atractivo.

No te compliques, por ahora puedes ponerle un nombre que contenga 2 a 3 de los siguientes elementos:

1. **A quién va dirigido**
2. **Qué resultados ofrece**
3. **Su duración**

Aún si no te convence esta fórmula, úsala para empezar. Obtén un nombre rápido y sigue avanzando. Ya tendrás tiempo para pensar en el nombre perfecto para tu curso. Puedes elegir un nombre que contenga 1 ó 2 de esos tres elementos y un subtítulo que te sirva para aclarar lo que te falte.

Aquí te dejo algunos ejemplos para que veas que esta fórmula es muy útil (y por cierto que incluir la palabra "Cómo..." puede resultar de gran ayuda):

- "Cómo iniciar un negocio inmobiliario para chicas ocupadas, en 5 lecciones"
- "Cómo curar el dolor de espalda en corredores, con 7 ejercicios comprobados"
- "Cómo perder 5 kilos en 3 meses, aún si trabajas desde un escritorio"
- "Cómo hornear pan artesanal con 3 ingredientes secretos que tu familia adorará"
- "Cómo dupliqué mis ingresos en 12 meses, después de que cumplí 50 años"
- "Cómo evitar un divorcio y salvar tu matrimonio, siguiendo estas 5 estrategias"

Hay mucha información relativa a **"cómo nombrar tu curso"**, pero eso no es el objetivo de este libro. El objetivo es que avances y veas resultados. Se trata de que crees tu programa y aprendas las estrategias para que te produzca ingresos. Entonces, no te distraigas con cosas menos importantes, concéntrate sólo en eso hasta que tengas un curso en tus manos, ya luego afinas lo que sea necesario, de acuerdo?

Una vez que hayas elegido el nombre de tu curso, asegúrate de lo siguiente:

- Que sea fácil de recordar y pronunciar
- Que contenga palabras clave de lo que enseñarás
- Que despierte interés en tu público objetivo
- Que no tengas que explicar de qué se trata

CLAVE DE ÉXITO:
**"A la hora de enseñar, tus acciones dicen
más que tus palabras"**

EL SUBTÍTULO DE TU CURSO

Incluir un subtítulo puede ayudar a liberarte de la preocupación por encontrar el nombre perfecto para tu curso, ya que le brinda a tu comprador potencial, una comprensión más profunda de lo que se trata. Veamos algunos ejemplos:

- **"Cómo iniciar un negocio inmobiliario para chicas ocupadas, en 5 lecciones"** *Empieza desde casa y convierte esta actividad en un ingreso de tiempo completo.*

- "Cómo curar el dolor de espalda en corredores, con 7 ejercicios comprobados" *Mejora tu técnica, cuida tu postura durante todo el día y haz que el dolor desaparezca.*

- "Cómo perder 5 kilos en 3 meses, aún si trabajas desde un escritorio" *Cambia tu alimentación con platos para toda la semana que puedes preparar en una tarde.*

- "Cómo hornear pan artesanal con 3 ingredientes secretos que tu familia adorará" *Convierte esta actividad recreativa en ingresos adicionales cada mes.*

- "Cómo dupliqué mis ingresos en 12 meses, después de cumplir 50 años" *Una hoja de ruta paso-a-paso, para transitar del estrés económico a la estabilidad financiera.*

- "Cómo evitar un divorcio y salvar tu matrimonio siguiendo estas 5 estrategias" *Líbrate de conflictos devastadores. Recupera tu matrimonio y construye tu felicidad.*

MÁS IDEAS PARA NOMBRAR TU CURSO

Si la fórmula anterior no te funciona, aquí te dejo más ideas para liberar tu creatividad y encontrar el nombre ideal para tu curso.

Describe lo que es, sin más:

ACADEMIA DE EVENTOS ESPECIALES

A pesar de no ser muy original, refleja la confianza de los autores que lo crearon, lo que puede ser una buena razón para inscribirse.

Aplica una dosis de ingenio y creatividad:

"HAZ NEGOCIOS HACIENDO CLICK"

Los nombres creativos y divertidos, cuando se hacen correctamente, pueden despertar más curiosidad.

Otro ejemplo sería "**DILE \$Í AL DINERO**" donde utilizo un signo de \$ para representar la S, en mi curso de "cómo manejar tus finanzas personales".

Sólo una advertencia: no seas demasiado ocurrente como para terminar confundiendo a tu avatar. Asegúrate de seguir el título con un subtítulo fuerte, que señale de manera clara el resultado que tu audiencia puede esperar.

Utiliza el nombre de algún sistema que hayas creado, como fue el caso de: "ALWAYS GREAT EVENTS"

¿Desarrollaste un modelo para lograr resultados para tus clientes? Nombra tu curso con el mismo nombre de esa metodología de negocio.

Muéstrales el camino a seguir. El nombre: "DE EMPRESARIO A MILLONARIO" te lleva de un punto "**A**" mismo que puede ser neutral (o incluso indeseable) a un punto **"B"** que es deseable.

Aplica la fórmula infalible. Si todavía sientes que estás atorado, no pierdas más tiempo buscando el nombre perfecto y sigue esta fórmula: [Resultado deseado] en [plazo para lograrlo] ... aún cuándo {objeción 1}, {objeción 2} y {objeción 3}. Ejemplo: BAJA DE PESO EN 30 DÍAS–*Aún si no sabes cocinar, comes todo el tiempo fuera de casa y odias hacer ejercicio.*

Uno de los ejercicios prácticos del **Reto TIC**, consiste en utilizar términos clave para encontrar el nombre ideal para tu curso durante este evento gratuito, así como redactar un subtítulo llamativo que sea capaz de enganchar a tu avatar.

1.5 QUÉ PRECIO COBRAR POR TU CURSO

Fijar el precio correcto para tu curso es crucial para tener éxito en tu emprendimiento. Dependiendo de este factor, podrás o no atraer al cliente perfecto. A continuación te presento una guía que te ayudará a identificar el mejor rango de precio para tu curso en línea.

Vamos a continuar en este viaje, pero antes, quiero que pienses en todo lo que has logrado, ya tienes:

- El Tema de tu curso
- Tu Cliente ideal
- El Tipo de Curso que vas a desarrollar
- El Nombre de tu Curso

Espero que veas como todo se está acomodando en su lugar. Ahora veamos cómo determinar el precio de tu curso.

¿Por qué es importante esto?

Fijar el precio de tu curso es importante para lograr no sólo que se venda, sino que sea rentable. Es decir, que te produzca realmente ganancias.

El objetivo de esta lección es explicar los factores clave para decidir el precio correcto, que atraerá a las personas interesadas en tu programa.

Si llevas a cabo el ejercicio y respondes a las preguntas que vienen más adelante, tendrás un precio adecuado para tu curso al final de esta lección.

También es importante mencionar que el precio que fijes, está directamente relacionado con el tipo de curso que decidas crear. Los rangos más comunes en el mercado según el tipo de curso, son los siguientes:

1. *De inicio*–Entre USD $50 y USD $100
2. *Avanzado*–Entre USD $100 y USD $200
3. *Integral*–Entre USD $200 y USD $2000

Si es tu primer curso, seguramente estarás creando uno de inicio o avanzado.

No olvides que el precio que ahora decidas, no tiene que ser el definitivo. Siempre puedes regresar a este punto y hacer los ajustes pertinentes.

Más adelante hablaremos de la estrategia de lanzamiento de tu programa, misma que llevarás a cabo más de una vez, por lo que puedes empezar cobrando un precio bajo e incrementarlo en otro lanzamiento posterior conforme vas mejorando tu oferta. Lo que no recomiendo es empezar con un precio alto y luego bajarlo, eso solo hará que quienes compraron primero se sientan defraudados.

CLAVE DE ÉXITO:
"Una atmósfera de cordialidad, es la base para formar una comunidad de aprendizaje más sólida"

La primera vez que lancé **Eventos Millonarios,** ilustrado en la imagen 11, el precio fue $97 dólares. Ese me pareció un buen precio, aunque en realidad no era el óptimo, puesto que las ventas fueron muy bajas.

Más adelante revisé mis estrategias y lo empecé a ofrecer como un *Upsell* de otro curso, a un precio de $37 dólares, incluyendo acceso gratuito a mi grupo privado de apoyo **Eventeros Elite,** ilustrado en la imagen 12, y fue cuando se empezó a vender más.

Imagen 11. *Eventos Millonarios* **Imagen 12.** *Eventeros Elite*

El primer punto a considerar es que el precio que finalmente elijas, debe atraer al tipo de clientela que deseas para tu negocio. Los diferentes niveles de tarifas atraen a diferentes tipos de clientes. Antes de entrar de lleno a la fórmula para fijar tu precio, quiero exponerte las razones de por qué competir en función del precio más bajo, no es la mejor opción para tu negocio.

1. Los compradores que deciden en función del precio más bajo, consumen todo tu tiempo.

2. Este tipo de compradores son los que más se quejan. Nunca están contentos porque su expectativa es que deberían obtener mucho más por lo que están pagando. Sin embargo, cuando cobras menos de lo que vale tu producto, es difícil para ti dedicarles tiempo y trabajo sin afectar tu rentabilidad. Es una situación en la que todos pierden.

3. Los compradores de precios bajos parecen ser los que no pagan a tiempo. Ellos retrasarán su pago lo más posible, para asegurarse de estar exprimiendo su presupuesto tanto como les sea posible.

4. Son leales al precio, no a ti. En el momento en que alguien ofrece un precio más bajo por el mismo producto o similar, te dejan en ese instante.

5. Ellos harán correr la voz de cómo obtuvieron un "precio inmejorable" de tu parte y eso puede acabar con tu negocio, puesto que nadie querrá pagar lo que en realidad vale tu producto.

No participes en un juego que no puedes ganar. Los cursos digitales de muy bajo precio tienden a atraer más a aficionados, que no van con todo para lograr los resultados que promete tu entrenamiento.

Desarrolla un producto para atraer personas comprometidas

a iniciar y terminar el programa, dispuestas a pagar una tarifa que valga lo que ofreces y no menos.

Además, es mucho más fácil dar servicio a 10 clientes dispuestos a pagar tu precio, que a 50 clientes de precio bajo.

FÓRMULA PARA FIJAR TU PRECIO

1. CONSIDERA EL TIPO DE CURSO QUE ESTÁS OFRECIENDO

Para estas alturas, ya deberías haber tomado la decisión de qué tipo de curso crearás. Esto también es un factor a la hora decidir qué precio cobrar.

Curso de inicio: por lo general se ofrece a un precio más bajo (entre USD $50 y USD $100), lo que lo convierte en una decisión más sencilla para tu audiencia.

Curso avanzado: estos cursos están enfocados en un tema y una promesa muy específicos, por lo que puedes cobrar un poco más por ellos, entre USD $100 y USD $200.

Curso Integral: debido a que este es tu contenido de mayor valor, puedes cobrar más por este tipo de curso. El rango de precios va entre USD $200 y USD $2000 (o más).

Esto es solo un rango sugerido, puedes cobrar otra cantidad si tu investigación de mercado y la oferta de venta que estás presentando te llevan a una conclusión distinta.

Si no sabes qué tipo de curso hacer y cuánto cobrar, no te atores en este punto. Considera empezar con un "Curso de inicio" (o para principiantes). Eso hará las cosas más sencillas para ti, ahora que estás comenzando y te permitirá conocer las necesidades de tu audiencia para tener éxito más adelante, conforme progreses en la industria de la educación a distancia.

2. INVESTIGA A TU COMPETENCIA

Es importante verificar lo que está haciendo tu competencia para darte una idea de cuánto puedes cobrar por tu curso.

Prácticamente todo tipo de contenido se ha presentado en algún formato de curso anteriormente. Por lo tanto, investiga qué es lo que ofrece tu competencia y sus precios. También presta atención a sus opciones de pago, solo no tomes en consideración esos cursos indiferenciados que se venden "a granel", en plataformas de cursos de todo tipo.

El curso que vas a crear es de alto valor gracias a factores de diferenciación que vas a incorporar en él, por lo que no debes tomar esos programas de tan bajo costo como referencia.

3. COBRA EL PRECIO AL QUE SEAS CAPAZ DE VENDER

Cuantas más habilidades tengas en ventas y marketing, más podrás cobrar por tu curso. No busques subir tus precios solo para ganar más dinero, sino para poder proporcionar más valor a tus alumnos. Y eso es más fácil de hacer cuando tienes nociones de cómo vender y promover productos a través de resaltar su valor.

Mejorar tus habilidades para vender y hacer marketing, va

de la mano con tener un producto de calidad cuando se trata de tener éxito.

No lo pienses demasiado y establece una tarifa que te permita seguir adelante. Recuerda que siempre puedes regresar a este punto y hacer los ajustes necesarios.

Cuando fijes tu precio, asegúrate de lo siguiente:

- Debes estar convencido de que es un excelente trato para tu cliente.
- Entrega algo por lo que sepas perfectamente que te pagan lo que vales.
- Que no te asuste decir tu precio, ya que tienes toda la confianza de que tu curso es una ganga por el valor que aporta.

Si estás batallando con la confianza en tu producto, trabaja en ello. Cambia tus pensamientos limitantes por otros que sustenten tus metas y reconoce que tu información realmente vale.

Así es, debes estar dispuesto a entregar diez veces el valor real que prometes. Esa es la manera de atraer clientes leales que volverán a comprarte y más que nada, que estarán dispuestos a recomendarte.

ESTRATEGIAS DE COMERCIALIZACIÓN

A la hora de fijar tu precio, puedes implementar varias estrategias para hacer tu curso más atractivo y vender más.

Además del precio por el producto principal, ofrece:

- Bonos gratuitos
- Acceso a un grupo privado de soporte
- Limita el número de personas que puedes admitir
- Limita el tiempo de disponibilidad de tu oferta o de algún componente

Si tu curso tiene un precio *premium*, implementa un plan de pagos.

Los participantes del reto **Tu Idea de Curso**, aprenden que es posible lograr mejores resultados cuando son parte de un grupo de apoyo recíproco.

Uno de los principios de nuestra **Comunidad de Edu Empresarios** es siempre estar dispuesto a pedir y recibir ayuda del grupo y esto aplica también a la hora de decidir el precio y componentes que aportan valor a su programa educativo.

Quienes participan en éste revolucionario desafío, obtienen ejemplos e información valiosa para calcular un precio que les permita salir al mercado. Entienden que el precio de su curso puede evolucionar a través del tiempo, así como evolucionan los precios de cursos de otros **Edu Empresarios**.

1.6 LA CREACIÓN Y ENTREGA DE TU CONTENIDO

Esta sección del libro te ayudará a determinar cómo crear y entregar tus módulos y lecciones a tus estudiantes, de una manera consistente y organizada.

¿POR QUÉ ES IMPORTANTE ESTO?

Porque cuando se trata de generar el contenido para tu curso, es necesario tener claro de qué manera vas a hacerlo, y una vez que lo completas, aún debes decidir la forma de entregar los módulos y lecciones a tus nuevos estudiantes. Para ello te presento diferentes estrategias.

CLAVE DE ÉXITO:

"Tu capacidad para hacer una diferencia en la vida de tus estudiantes, es directamente proporcional a la confianza que tienes en ti mismo"

Independientemente de la estrategia que elijas para entregar tu contenido, debes preparar tus lecciones con anticipación. Esto significa crear tus documentos y videos antes de que llegue el momento de entregarlos, por lo que debes gestionar tu tiempo de una manera organizada y no improvisar.

Ahora sí, veamos las dos maneras más comunes para crear tu contenido.

DOS MANERAS PARA CREAR TU CONTENIDO

1. PRE GRABAR TU MATERIAL

Si optas por esta estrategia, crearás archivos en PDF con el material a exponer y grabaras las lecciones de tu curso en video, antes de que se publique el módulo o lección correspondiente.

De esta manera, cargarás el contenido en la plataforma *E-Learning* con anticipación, para que esté todo listo y se publique oportunamente, en la fecha programada para ello.

Preparar tu contenido con antelación te permite contar con algunas semanas a tu favor. Esto te libera de la presión de tener que entregar contenido cuando ya estás en el límite de tiempo y no has preparado el material correspondiente.

Ahora bien, lo anterior no significa que debes crear todo el curso antes de que comience, pero sí una porción importante del mismo.

Desarrolla un sencillo plan con las fechas de publicación de cada porción del curso, considerando los tiempos para que tus alumnos completen los ejercicios y para que puedas ir creando los contenidos posteriores al inicio.

Cuando abordamos este tema en el evento gratuito online **Tu Idea de Curso**, explicamos a los asistentes la importancia de contar con un calendario de liberación de módulos para entregar contenido de manera lógica y organizada, presentando un ejemplo concreto de cómo liberar un entrenamiento digital de principio a fin.

La denominación de nuestra metodología de enseñanza en los retos y cursos que facilitamos, se expresa por sí misma en una de nuestras máximas: **¡Aprender Haciendo!**

Cuando hagas tu calendario de curso, considera tener 3 ó 4 semanas de contenido pre programado desde el momento de arrancar, para entregarlo a tus alumnos de acuerdo a los tiempos de tu programa. Lo demás lo puedes ir produciendo sobre la marcha.

Esta estrategia hará que todo sea más sencillo para ti y te permitirá aplicar la retroalimentación de los participantes, en tiempo real, para aplicarla en las lecciones posteriores.

2. PRESENTACIONES EN VIVO

Si optas por entregar tu contenido en vivo, debes producir los pdf's que planeas presentar, días antes de salir al aire. Incluso puedes hacer presentaciones en vivo y seguir entregando tus módulos y lecciones pregrabados, semana a semana.

Las transmisiones las puedes hacer vía Zoom, Google Meet, FB o IG. Cualquiera que sea la plataforma que utilices, asegúrate de grabar tu presentación y descargarla, de tal suerte que puedas compartir tus videos en otras plataformas y redes sociales.

Puedes abarcar varias lecciones en tus presentaciones en vivo, sin embargo, a la hora de subir el contenido a tu grupo de Facebook o tu área de miembros en la plataforma *E-learning,* te recomiendo editar el contenido original y presentar un video individual por cada lección. Recuerda que es mejor presentar varios videos cortos que uno demasiado largo. Mi recomendación es que tus videos dentro de la plataforma *E-learning* o grupo privado, nunca excedan de 10 minutos de duración.

Otra razón por la cual debes planear muy bien tus presentaciones en vivo, es que podrás editar más fácilmente tu contenido y usarlo en otros portales y plataformas, sabiendo que tu audiencia los consumirá.

De esta manera, podrás incorporar comentarios que recibas de tus estudiantes en tiempo real, a la hora de publicar tus vídeos editados.

CLAVE DE ÉXITO:

"Trata a tus alumnos como socios en el aprendizaje y genera anticipación y expectativa, así despertarás su interés y curiosidad sobre lo que está por venir"

Insisto en que debes planificar tus entregas y tomarte el tiempo para prepararlas.

Si no lo haces, puedes sentirte apurado y presionado cuando surgen cosas inesperadas. Lo último que quieres es estar despierto a las 3 a.m. el día de tu entrega, para producir el contenido de tu transmisión en vivo.

DOS MANERAS PARA ENTREGAR TU CONTENIDO

1. TODO DE GOLPE

Si eliges esta estrategia, significa que todo tu material estará disponible para tus alumnos al momento de registrase en tu curso. Este sistema funciona muy bien para cursos de inicio o avanzados, donde no se tiene tanto material y los alumnos están ávidos por consumir los módulos y lecciones en el menor tiempo posible.

También es probable que los participantes se encuentren en diferentes etapas de su aprendizaje y necesiten información diferente, con lo que podrán acceder a ella a su propio ritmo.

2. POR GOTEO

La alimentación por goteo consiste esencialmente en liberar tu contenido a través del tiempo, de modo que no todo esté disponible inmediatamente después de que se registran.

El contenido de tu curso lo puedes entregar, por ejemplo, semanalmente (y no todo de golpe). Cuando entregas tu programa por "goteo", significa que vas liberando módulos y lecciones poco a poco, de acuerdo a un plan previamente establecido, como es el caso de mi curso insignia: **Tu Curso Digital** (TCD), en el que se va liberando información nueva cada semana, lo que permite a los alumnos consumir la información a la hora que mejor les conviene, resolver dudas durante las clases en vivo, obtener retroalimentación del grupo y avanzar a paso firme conforme se desarrolla el entrenamiento.

CLAVE DE ÉXITO:

"Utiliza música en tus lecciones en vivo, durante ejercicios que los participantes deban realizar de manera individual. La música barroca favorece la concentración. Otros ritmos más movidos te ayudarán a cambiar el estado de ánimo"

Si decides entregar tu contenido de esta manera, tus estudiantes se mantendrán actualizados en todo momento, evitando saturarse de información y manteniendo su compromiso de seguir avanzando hasta lograr el resultado esperado.

1.7 EL ESQUEMA DE TU CURSO

Una vez que has creado el contenido que vas a enseñar, el siguiente paso es organizarlo de una manera lógica. Este proceso es más sencillo de lo que parece. Sigue la estrategia de esta lección y convertirás una página en blanco, en el esquema de un curso que está a punto de cobrar vida.

El objetivo en este momento es que aprendas a organizar tus ideas para armar el temario de tu capacitación. También es posible que con este proceso, visualices contenidos que puedes usar para impulsar tus ventas, como es el caso de los bonos gratuitos.

¿POR QUÉ ES IMPORTANTE ESTO?

Por qué no quieres dejar temas prioritarios fuera de tu programa. Tampoco quieres que tu esquema resulte aburrido o incomprensible, y que sea un producto final de poco o nulo valor.

Esquematizar tu material también te ayudará a evitar un error muy común de quienes crean un curso por primera vez: generar contenido de manera desorganizada.

El sistema que vamos a analizar ahora mismo es para tu uso personal, sirve para ordenar tus ideas y extraerlas de tu mente. No es algo que vayas a hacer público o presentar a tus alumnos en ningún momento.

Te voy a mostrar un método que hace del proceso de esquematizar tu contenido algo muy simple, y lo puedas replicar en cualquier producto de información que desees crear.

Se trata de ordenar tus pensamientos y distribuir toda tu información de una manera que resulte lógica, para que alguien logre un resultado específico.

CLAVE DE ÉXITO:

"Utiliza props en algunas de tus lecciones en vivo. Los accesorios no sólo ayudan a comprender mejor los conceptos, sino que favorecen a una mayor retención de lo aprendido"

Normalmente se trata de ir del punto **A**, que es donde se encuentran al inicio tus alumnos, al punto **B**, que es a donde quieren llegar. Y esto lo logran a través de tus enseñanzas.

Imaginemos una ruta que va de izquierda **(A)** a derecha **(B)** y trazamos una línea para conectar ambos extremos.

Luego pones marcas que simbolizan los pasos a seguir para moverse del punto **A** al punto **B**.

A $\longmapsto \longmapsto \longmapsto$ B

Te voy a dar un ejemplo real, para que veas cómo funciona este sencillo sistema.

Imaginemos por un momento que voy a crear un curso que se llama: **"Cómo hacer un embudo para construir tu lista de suscriptores"** y me voy a dirigir a dueños de pequeños negocios, que ni siquiera manejan un embudo actualmente.

Ese va a ser mi cliente ideal para este ejemplo: "dueños de negocios que aún no tienen un embudo para automatizar sus ventas". Por lo tanto, el objetivo de este curso hipotético es enseñarles a crear su propio embudo.

Entonces, el punto **A** equivale a **"no tener un embudo"** y el punto **B**, **"tener un embudo para captar suscriptores "**.

Así, la manera en que organizo mis ideas y conocimientos para esquematizar mi curso, es la siguiente:

Considero:

- ¿Qué necesitan saber mis alumnos potenciales?
- ¿Qué necesitan tener para poder aprender?
- ¿En qué orden?

Todo ello para trasladarse del punto **A** al punto **B,** en el menor tiempo posible.

Para lograr el objetivo de **hacer un embudo,** es necesario partir del Punto **A** , trazar una línea recta, y llegar al Punto **B,** marcando los pasos intermedios.

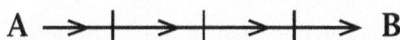

A →―|―→―|―→―|―→ B

NO EMBUDO (PUNTO A)

- Cómo abrir una cuenta en el constructor de embudos que utilizo para mi negocio
- Cómo agregar a tu tablero las herramientas necesarias para trabajar
- Cómo crear tu primer sitio en el constructor de páginas web
- Cómo crear un imán de atracción (*Lead Magnet*)
- Cómo crear una página de destino
- Cómo crear tu página de confirmación de correo
- Cómo crear tu página de descarga

EMBUDO QUE CONVIERTE (PUNTO B)

Obviamente este es un tema que sé cómo funciona. He construido muchos embudos y mi objetivo es enseñar a más gente cómo construir el suyo propio, utilizando esta poderosa plataforma *todo-en-uno*.

Pero quizás a la hora de crear un curso como el de este ejemplo, no sea mi intención incluir todos los 7 puntos arriba mencionados, por lo que podría preguntarme: ¿Cuál es la base fundamental de este proceso? ¿En qué puedo ayudar más a los participantes con el contenido del curso?

Y realmente, lo más importante en este caso sería centrar mi curso hipotético en los puntos 4 al 7, y en un momento verás por qué.

NO EMBUDO (PUNTO A)

1. Cómo abrir una cuenta en la plataforma de creación de embudos que utilizo para mi negocio
2. Cómo agregar a tu tablero las herramientas necesarias para trabajar
3. Cómo crear tu primer sitio en el constructor de páginas web
4. Cómo crear un imán de atracción (*Lead Magnet*)
5. Cómo crear una página de destino
6. Cómo crear tu página de confirmación de correo
7. Cómo crear tu página de descarga

EMBUDO QUE CONVIERTE (PUNTO B)

CLAVE DE ÉXITO

"Orquestar los elementos que utilizarás al enseñar tus temas aumenta en gran medida en tu capacidad para hacer más con menos"

Tendríamos entonces los mismos 7 puntos, pero sólo los últimos 4 conformarán mi **producto principal**, el curso por el cual cobraría una determinada cantidad de dinero a quién decidiera tomarlo.

Aclaro que no estoy pensando en lanzar un producto como el

de este ejemplo, ya que en realidad estos temas están incluidos en el Seminario en línea **TCD**. Solo quiero darte un ejemplo de cómo puedes crear tu propio esquema de curso, no sólo para que tu material resulte lógico y fácil de comprender a los ojos de tus alumnos, sino también para aprovecharlo mejor y generar algunos bonos gratuitos que te ayuden a aumentar el valor de tu oferta y construir una lista de prospectos calificados. Sigue leyendo y todo cobrará sentido...

Te preguntarás: ¿Y dónde quedan los primeros 3 puntos? Muy sencillo:

Al llegar a mi sitio, en mi página de captura, un visitante podría leer lo siguiente:

"APRENDE A CONSTRUIR TU LISTA DE SUSCRIPTORES TOTALMENTE GRATIS, ANTES DE QUE TERMINE EL DÍA DE HOY"

Entonces, mi imán de atracción sería una serie de 3 videos gratuitos, con la que los suscriptores a mi lista aprenderían los 3 primeros puntos del esquema anteriormente visto.

- **VIDEO 1:** Cómo abrir una cuenta en la plataforma de creación de embudos.
- **VIDEO 2:** Cómo agregar a tu tablero las herramientas necesarias para trabajar

- **VIDEO 3:** Cómo crear tu primera página para captar prospectos

Como ya dije, estos 3 primeros pasos no forman parte de mi curso hipotético, decidí que fueran mi imán de atracción y por supuesto que forman parte de mi esquema de curso, aunque se trate de contenido que yo mismo decidí entregar de manera gratuita.

Así, mis alumnos descubrirán el alto valor de mi oferta sin pagar ni un centavo y podrán decidir si quieren seguir adelante con su transformación, adquiriendo mi curso.

Además de construir mi lista de prospectos calificados, esta manera de presentar y entregar mi información, equivale a poner a mis suscriptores en el camino correcto para empezar a crear no sólo su primer embudo, sino su primer curso digital y al mismo tiempo, lograr que se interesen por mi curso en línea, aunque de esto hablaremos más a detalle en otro capítulo del libro.

Volvamos al esquema de mi curso hipotético. Te decía que no sólo es importante presentar tu información de una manera lógica y fácil de comprender, sino que también conviene iden-tificar las partes fundamentales que debe cubrir tu programa para centrar tu curso en esa información, y al mismo tiempo, ver si es posible aprovechar otras secciones menos importantes de tu contenido, para producir tu imán de atracción y empezar a construir tu lista de prospectos, u ofrecer un bono gratuito que haga más atractiva tu oferta.

Continuando con el ejemplo: ¿Qué más tendría que hacer para terminar de definir el esquema de mi curso? Muy fácil, además de definir los 7 pasos generales que tenemos arriba (de los cuáles los 4 últimos son los módulos del curso), es necesario partir cada uno en sus correspondientes tareas particulares, que vendrían a ser las lecciones de cada módulo. Veamos cómo queda el primer módulo: **"CÓMO CREAR UN IMÁN DE ATRACCIÓN"** (*Lead Magnet*).

Siguiendo el mismo sistema que utilicé para esquematizar el contenido total del curso, el que vendría a ser el módulo 1 quedaría así:

"MÓDULO 1–CÓMO CREAR UN IMÁN DE ATRACCIÓN"

NO IMÁN DE ATRACCIÓN (PUNTO A)

- Decide qué tipo de Imán de Atracción crearás
- Produce el contenido correspondiente
- Reúne los elementos gráficos necesarios: logo, fotos, gráficos, etc
- Crea tu Imán de atracción (*Lead Magnet*)

IMÁN DE ATRACCIÓN (PUNTO B)

En este caso, estamos hablando de un primer módulo, que consta de las 4 lecciones arriba especificadas.

Este proceso lo debes hacer para definir los módulos de tu curso y las lecciones de cada uno de ellos. Tu objetivo es terminar con un esquema como el que se muestra en la Imagen 13.

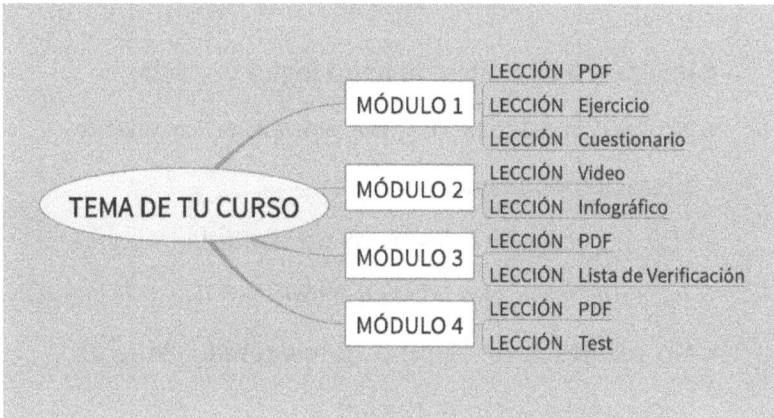

Imagen 13. *Ejemplo de Esquema de curso*

No olvides crear una presentación en Powerpoint o Google Slides, con el número de láminas necesarias para explicar cada una de las lecciones de los módulos.

Esas presentaciones las puedes utilizar para crear videos de pantalla y exponer mejor cada parte del curso.

Cuando hayas creado todas las láminas en Power Point / Google Slides de tus lecciones, debes revisar cuidadosamente cada módulo y lección, leyendo todo en voz alta. Si algo está fuera de lugar, sobra o falta, lo notarás durante la revisión y podrás hacer las correcciones pertinentes, antes de grabar tus videos de pantalla.

Por último, puedes integrar a tus lecciones cualquier cosa que ayude a que el aprendizaje sea más efectivo: PDF's, ejercicios, cuestionarios, etc.

TIPS ÚTILES A LA HORA DE CREAR TU ESQUEMA DE CURSO:

- Revisa que tu contenido tenga lógica y sea claro
- No des demasiadas cosas por sentado, tu estudiante no sabe todo lo que tú crees
- Haz las cosas simples, pero no demasiado como para que no se aprenda la lección
- No satures a tu alumno de contenido. Muchas veces, menos es más y mejor
- Pregunta a gente cercana qué opina de un módulo o una lección, para saber si estás siendo claro y conciso
- Explica los conceptos teóricos de manera sencilla
- Si no es necesario entrar en la teoría, bríncate ese parte
- Verifica que no falten ni sobren pasos indispensables
- Incluye ejemplos cuando sea oportuno, para explicar tus conceptos
- Incluye recursos descargables de apoyo: listas de verificación, infografías, guías, etc.
- Checa que todo tu contenido no tenga faltas de ortografía

La educación a distancia está cambiando el juego de cómo enseñamos y aprendemos. Sabemos que los cursos digitales pueden combinar técnicas de aprendizaje que incrementan los resultados de los estudiantes. Por esta razón, en el reto gratuito online **Tu Idea de Curso** con un enfoque redituable, hablamos de lo efectivo que resulta la gamificación y la psicología del aprendizaje en los adultos al entregar contenido.

Te invito a ser parte activa de la revolución del conocimiento que estamos viviendo, participando en la próxima edición del **Reto TIC**.

Consulta los detalles en la contraportada de este libro, asegura tu lugar hoy mismo y tu también súbete a la ola de esta gran oportunidad.

1.8 VALIDANDO TU CURSO

En esta lección aprenderás a validar tu idea de curso a través de diversas estrategias. Al finalizar, sabrás de antemano si lo que estás creando es algo que tu cliente ideal en realidad quiere y está dispuesto a pagar por ello, o si es necesario realizar ajustes a tu oferta para ofrecer lo que está demandando el mercado.

Este es un paso esencial, ya que aquí es donde realmente sabrás si hay un mercado para lo que planeas enseñar y en última instancia, si tiene el potencial de hacerte ganar dinero.

Tu objetivo en este momento es descubrir las necesidades, preocupaciones y deseos reales de tu cliente ideal.

Estos detalles serán increíblemente valiosos a medida que comienzas a crear tu contenido, incluyendo tu *Lead Magnet* y materiales promocionales.

Es mejor saber que algo no está en línea entre tu idea de curso y tu cliente, antes de crear el programa y no después.

ESTRATEGIA 1
HABLA CON TU CLIENTE POTENCIAL

La primera manera de validar tu curso es hablando con tu cliente potencial. Tener una conversación con tu avatar, te ayudará a descubrir sus inquietudes, necesidades y desafíos.

Si algo está mal o simplemente no resuena con tu avatar, estas conversaciones te ayudarán a detectarlo a tiempo y hacer las modificaciones necesarias.

Quizás tengas identificados a 1 ó 2 personas que llenan tu perfil de cliente ideal. De ser así, contáctalos directamente y pregúntales cómo exactamente podrían beneficiarse con un curso relativo a tu tema.

Las conversaciones de validación deberán ser con personas identificadas como tu Avatar. No tiene sentido hacer estas preguntas a individuos que simplemente nunca te comprarían el curso.

Mantén la mente abierta durante estas conversaciones, para captar la información valiosa que tu cliente ideal comparta contigo. La manera de hablar con ellos es realizando llamadas uno a uno, o reuniones grupales via Zoom o Google Meet y grabarlas. Si optas por esta segunda opción, te recomiendo formar grupos de entre 7 y 10 personas en total.

Con las estrategias que te presento más adelante, identificarás dónde se encuentra exactamente tu avatar con relación al tema de tu curso.

No está al alcance de este libro examinar todos los detalles relativos a este tema; sin embargo, si te interesa ir más a fondo en este y los demás pasos del proceso para convertirte en **Edu Empresario**, en el reto online **Tu Idea de Curso Redituable**, te presento de manera gratuita lo que muchos consideran un auténtico método de validación de curso, sorprendentemente sencillo y eficaz.

Después de platicar con tu Avatar, sabrás qué es lo que le preocupa o le inquieta, tanto en su vida como en su negocio, y conocerás qué tipo de resultados busca en lo que se refiere a tu idea de curso. Escucharás cosas de las que no suelen hablar de manera espontánea, por lo que te recomiendo poner mucha atención a lo que te revelen.

CLAVE DE ÉXITO:

"En cada diseño de aprendizaje, puedes involucrar fácilmente a tus estudiantes y prepararlos para el éxito, ¡Aprovecha su inteligencia en todas sus modalidades!"

No lo dejes para después. Empieza a programar tus llamadas uno a uno o reunión en Zoom/Google Meet hoy mismo. Si eres introvertido, hazlo de todas maneras. Después de la primera conversación, las demás te parecerán más fáciles.

Si haces reunión virtual, dependiendo del número de participantes, una sola reunión podría ser suficiente. Cuando empieces a crear tu curso, te dará mucho gusto haber cumplido con este paso crucial del proceso.

¿DÓNDE ENCONTRAR PERSONAS PARA TUS CONVERSACIONES Y REUNIONES?

Si tienes una lista de correo, envía un mensaje a tu base de datos. También puedes postear un mensaje en tus redes sociales. En cualquier caso, hazles una invitación para una llamada uno a uno y/o para una reunión grupal vía Zoom.

Especifica días y horarios específicos para que todo quede claro.

BUSCA PERSONAS QUE HAYAN COMPRADO PRODUCTOS ALINEADOS CON TU IDEA DE CURSO

Para ello, consulta las reseñas de productos similares al tuyo. Está bien comunicarte con un extraño, así que si tienes manera de hacerlo, contáctalo. A muchas personas les gusta ayudar compartiendo sus opiniones y puntos de vista aún sin conocer al entrevistador.

GRUPOS DE INSTAGRAM Y FACEBOOK

Tu cliente ideal está allá afuera y lo más probable es que tenga actividad en Instagram y Facebook. Por lo tanto, estas dos redes sociales son una excelente manera de recopilar información y descubrir qué le está causando problemas a tu audiencia, en lo que se refiera a tu idea de curso.

Los grupos son ideales para encontrar buenos candidatos. Sin embargo, si descubres un grupo que está conectado a otro creador de cursos, cuyo entrenamiento es similar al que esperas crear, no te unas a ese grupo con la intención de llevarte a sus estudiantes y convertirlos en tus clientes.

Cuando se te otorgue acceso a los grupos que seleccionaste, usa el campo de búsqueda dentro del mismo grupo e ingresa palabras clave relacionadas con tu tema. Pon atención al tipo de preguntas y conversaciones que se están llevando a cabo entre sus miembros. Eso te dará muchas pistas de si tu contenido está siendo demandado o no.

AMIGOS Y FAMILIARES

Envía un correo electrónico a tus familiares y amigos, quizás alguno de ellos llene tu perfil de cliente. Aprovecha para preguntarles si conocen a alguien que llene el perfil de tu público objetivo (mismo que les compartirás), que pudiera participar en la reunión para responder algunas preguntas.

LEE ENTRE LÍNEAS

La forma en que tu estudiante potencial completa sus respuestas, te ayudará a confirmar si el curso que estás en proceso de validar, es adecuado para ellos. Todo cuanto diga un cliente potencial puede llegar a darte una pista de en dónde se encuentra con relación a tu tema.

Algunos ejemplos de frases a las que debes poner atención, son:

- "Odio admitirlo, sin embargo me gustaría ..."
- "Me siento mal de reconocer que ..."

- "La verdad es que..."
- "Puedo decir con mucho gusto..."

Frases cómo estas hablan de lo que está pasando por la mente y la emoción de tu avatar. Un beneficio adicional de poner mucha atención a las palabras que usan, es que las puedes incorporar de manera literal en tu video y página de ventas.

Te sugiero grabar tus llamadas y/o reuniones vía Zoom/Google Meet para que puedas revisarlas posteriormente. Con ello podrás captar mejor las frases clave que utiliza tu audiencia, comprender mejor sus puntos de dolor y frustración, y lo que en realidad quieren para lograr una verdadera transformación.

INCORPORA LOS DATOS RECABADOS EN TU CONTENIDO

Ahora que has recibido comentarios importantes acerca de tu idea de curso, trata de incorporar esos datos en tu contenido. Además de desarrollar una relación más estrecha con tu cliente ideal durante este proceso, es importante examinar sus objeciones sobre el tema del curso, antes de desarrollarlo.

IDENTIFICA LAS OBJECIONES

En tus conversaciones van a aflorar circunstancias por las que está pasando tu cliente, que le impiden tomar tu curso. Identifica esas objeciones y arma una oferta que pueda resolverlas.

Esas soluciones a las objeciones, deben de ir a tu presentación de ventas. Lo importante es abordar cada objeción de manera anticipada y con transparencia, proponiendo una manera de resolverla, siempre con honestidad y cumpliendo tu promesa.

HAZ PREGUNTAS E INTERACTÚA

Validar tu idea de curso puede hacerse a través de las publicaciones que llevas a cabo de manera habitual en tus redes sociales y en los grupos a los que ingreses. El secreto está en hacerlo de manera consistente, responder a las preguntas que te hagan e interactuar en la sección de comentarios. Por cierto que no tienes que tener muchos seguidores para que esto funcione, ni los grupos tienen que ser de miles de personas. Recuerda que también estás creando relaciones. Tu audiencia comenzará a sentirse más conectada y apoyada por ti, si respondes a sus comentarios de manera consistente. También empezarás a inspirar confianza.

LIBROS EN AMAZON

Checa si hay libros en Amazon relacionados con tu tema y ve directo a la sección de comentarios. Las opiniones de los clientes que han adquirido esos libros pueden ser muy reveladoras. Si no hay muchos comentarios, esa es otra señal que debes tomar en cuenta, en el sentido de que quizás no haya mucha demanda por el producto.

MOTORES DE BÚSQUEDA

El resto de lo que necesitas aprender sobre un cliente potencial, lo puedes encontrar investigando en la red. Busca en Google usando palabras clave relacionadas con tu tema y verifica si alguien más está ofreciendo algo similar a tu idea de curso. Si encuentras muchos resultados, eso será una buena señal, ya que significa que sí hay un mercado potencial para tu entrenamiento.

Utiliza la herramienta de palabras clave de Google (Google Keywords) y descubre el nivel de competencia de los vocablos relevantes a tu tema (alta, media, baja). A mayor competencia, más difícil será aparecer en los primeros 10 resultados en Google, si acaso decides realizar un posicionamiento orgánico, pero eso te indicará que hay mucha gente buscando tu producto.

Y por último:

No trates de descubrir el hilo negro. Muchas personas antes que tú han experimentado con diferentes productos dentro del mercado al que te piensas dirigir y han descubierto qué funciona y qué no. No es necesario que reinventes la rueda; si lo haces, es muy probable que fracases. Ofrecer un curso "único" que nadie ha creado, equivale a entrar a un mercado vacío y ese es uno de los mayores errores que comete la gente.

Piensan que por ser un mercado no competitivo es una mina de oro sin explotar y que será mucho más fácil tener éxito en ese segmento "sin competencia". Eso es un mito. No caigas en esa trampa de novatos.

Lo mejor que puedes hacer es encontrar un tema de curso que la gente está demandando y ya está comprando. Cuándo lo hagas, sitúate frente a esos compradores y ofréceles un programa de entrenamiento único y de alto valor. Ese es el atajo.

Por ejemplo, a raíz de los recientes acontecimientos que dieron lugar al confinamiento, la impartición de conocimientos aceleró su migración del espacio físico al espacio virtual. La gente está demandando contenidos en línea como nunca antes, lo que hace de este el momento perfecto para lanzar tu curso digital. Hay una tendencia muy clara y un mercado en ascenso.

Ten la seguridad de que hay gente allá afuera buscando aprender lo que sabes. Haz tu tarea y encuéntralos. Investiga qué está pasando en la web con tu idea de curso, revisa si existe un mercado para ese tema que estás pensando enseñar y si lo hay, ve tras él.

Si existe un mercado para tu idea de curso, no dudes en desarrollarlo, pero hazlo de una manera única para distinguirte de la competencia. Una oportunidad como la que estamos viviendo, en la que la educación se trasladó repentinamente al espacio digital, difícilmente se volverá a repetir. Aprovéchala.

1.9 LA PROMESA DE TU CURSO

Al crear tu programa de entrenamiento, una de las piezas más críticas es la creación de tu promesa de curso, o dicho de otra manera: la transformación que éste proporcionará.

Esta promesa informa con certeza que existe una solución, para una necesidad real del público al que va dirigido. Un cliente confundido no puede tomar la decisión de adquirir un curso, al contrario de otro que necesita la solución contenida en la promesa y tiene total claridad de lo que obtendrá. De ahí la importancia de definir y redactar una promesa clara, breve y atractiva.

¿POR QUÉ ES IMPORTANTE ESTO?

Con tu promesa estás diciendo con certeza: "tengo la solución que necesitas para ayudarte a lograr algo específico" y le estás dando claridad a tu cliente de los resultados que producirá. Un cliente que tiene total claridad de lo que obtendrá, puede decidir fácilmente adquirir tu programa.

Ya estudiaste a tu cliente ideal y la razón por la que hicimos eso primero, es porque necesitas tener muy claro quién es y qué está buscando, para poder hacer la promesa de tu curso.

En esta lección nos centraremos en la promesa de tu curso y por el momento, no tienes que preocuparte por hacer que suene perfectamente bien, solo concéntrate en describir la transformación que produce tu programa.

Más tarde, podrás trabajar en redactarla para que resulte impactante y sea una oferta irresistible para tu avatar. Por ahora busca simplemente que tu promesa sea clara, detallada y precisa.

CLAVE DE ÉXITO:

"El aprendizaje de cada persona refleja su preferencia de modalidad para aprender. Cuantas más modalidades de enseñanza incorpores a tu curso digital, más vívido, significativo y permanente será el aprendizaje"

Hay muchas ofertas de cursos compitiendo por la atención de tu Avatar. Por eso es fundamental hacer una promesa que capte su atención.

Si no logras captar su atención, nunca podrás hacer tu oferta.

Tu promesa es la transformación del alumno en una frase y si logras que tenga la sensación de que es demasiado buena para ser verdad, significa que vas por muy buen camino, puesto que pondrá atención y tendrá interés en invertir tiempo escuchando lo que tienes que decir.

Tu promesa de curso debe alinearse con las razones por las que lo creaste y describe los beneficios de adquirirlo.

¿Por qué decidiste crearlo? ¿Qué resultados sabías que podrías ofrecer para tus estudiantes potenciales? Estos aspectos deben estar contenidos en tu promesa.

Tu promesa de curso:

- Debe ser creíble
- Estar respaldada por los resultados que has obtenido tú o alguno de tus clientes
- Profundiza acerca de lo que experimentará al alumno en términos tangibles
- Es una aspiración

También puede inspirar y motivar a tu avatar a tomar acción. ¿Cómo será la vida para tus estudiantes una vez que hayan implementado tus lecciones? Ilustra eso en tu promesa.

La fórmula se reduce a esto:

En este curso pasarás de (describe el ANTES), a sentir (decribe el DESPUÉS) y tendrás esta experiencia (RESULTADO ESPECÍFICO)

Existen otras fórmulas para definir una promesa de curso no cubiertas en este libro, pero que puedes aprender durante el **Reto TIC**, donde a través de un ejercicio defines tu promesa de curso, ahí mismo, en el lugar de los hechos, sin tener que aprender cómo hacerlo después en otro lugar.

Los asistentes a este evento gratuito quedan entusiasmados cuando ven que pueden avanzar así de rápido, con sólo escuchar y leer promesas de transformación de otros participantes del reto.

1.10 TU PLATAFORMA E-LEARNING

La educación a distancia está revolucionando el proceso de enseñanza en todo el mundo y cuando hablamos de crear tu curso digital, nos referimos también a contar con una de tantas plataformas digitales que existen allá afuera, conocidas como *E-learning*, para que tus alumnos tengan acceso a tu contenido.

El significado de *E-learning* viene de *"electronic learning"* o aprendizaje electrónico, en inglés. Su principal función es conectar personas que quieren enseñar y aprender algo a distancia, facilitando el proceso formativo a través de la tecnología web.

La enseñanza online permite aprender mejor utilizando diversas herramientas informáticas que cada día son más fáciles de usar. Con ellas puedes incorporar archivos de texto, audio, infografías, video e imágenes (entre otras cosas), y complementar tus lecciones con transmisiones en vivo vía Zoom, Google Meet o cualquier otra plataforma de videoconferencia que te permita presentar tus clases en vivo e interactuar con tu audiencia.

Existen varias opciones de plataformas *E-Learning* en el mercado y necesitarás elegir una de ellas para hacer llegar tu entrenamiento a los alumnos. Una opción que resulta muy efectiva es Google Classroom, ya que además de ser gratuita, es muy fácil de aprender y de usar. También puedes limitar el acceso a tu curso mediante invitaciones directas, lo que te brinda control de quiénes son las personas autorizadas para acceder a la capacitación.

Lo único que necesitas es tener una cuenta en Google y buscar tutoriales en YouTube para aprender a usarla. No hay pretexto para no montar tu entrenamiento en una plataforma *E-Learning*, que te permita organizar y presentar tu contenido de manera lógica y profesional.

La herramienta de *E-Learning* que utilizo es una aplicación de primer nivel, dentro de la plataforma de marketing digital que tengo para mi negocio. Además de crear cursos fácilmente, cuento con todo lo necesario para construir sitios web, automatizar procesos de venta, cobrar por mis productos y servicios, así como conectar con mis alumnos en transmisiones vía Youtube y Facebook, a través de la herramienta de creación de Webinars.

Entonces, la décima decisión que debes tomar en el proceso de creación de tu curso digital, es qué plataforma *E-Learning* utilizarás para entregar tu contenido. Si te interesa aprender a usar la plataforma de educación que utilizo e integrarla con las herramientas necesarias para convertir tu programa de capacitación en un negocio digital rentable, te invito a participar en el reto gratuito **Tu Idea de Curso Redituable**, en donde explico cómo funciona esta plataforma y las posibilidades de negocio que te brinda cuando aprendes a utilizar sus herramientas. Algo que todo **Edu Empresario** necesita para realmente tener éxito.

Obtén más información de este evento en vivo, visitando la página web que aparece al final del libro.

CLAVE DE ÉXITO:

"Cuando entiendes los intereses y pensamientos de tus estudiantes y se los haces saber; entras en su mundo y empiezas a enseñarles desde su punto de vista, en lugar de enseñarles estrictamente desde el tuyo".

CAPÍTULO 2
CONSTRUYE TU PRIMER EMBUDO

Tu embudo de ventas es como una máquina automática que puede multiplicar tus resultados, mediante un proceso que convierte visitantes a tu sitio en clientes fieles a tu negocio y lo mejor de todo: lo hace de manera automatizada.

Sin embargo, cuando empiezas un negocio o creas un nuevo producto, tu llamada a la acción es enviarlos a un embudo para captar suscriptores, y esa es la primera pieza del rompecabezas cuando de vender tu curso se trata.

El error más grande que cometen los emprendedores online, es que intentan vender sus productos y servicios principales en el primer contacto con el cliente, siendo que en los negocios por Internet las cosas no funcionan así: primero generas una lista de suscriptores, creas una relación, te ganas su confianza y sólo entonces les ofreces a la venta tu curso.

De la misma forma que tú no comprarías algo de alguien que no conoces y que se cruza por tu camino en la calle, así tampoco los visitantes que lleguen a tu sitio comprarán tu curso, si no te conocen y confían en ti.

La herramienta que nos ayuda con este procedimiento, que consiste en que nos conozcan los clientes para entablar una comunicación en dos sentidos y finalmente, generar confianza para poder lanzarles una oferta, se llama: EMBUDO y en este caso, te explicaré en qué consiste un *embudo mínimo viable* para generar suscriptores.

Este paso del proceso en el creación de un curso digital es tan importante, que en el Seminario en línea **TCD,** los participantes no tienen que preocuparse por aprender a crear un embudo desde cero, especialmente si no tienen conocimientos previos de programación web; ya que durante el desarrollo del seminario, aprenden a hacer un embudo mínimo viable de acuerdo a su oferta de curso.

Lo único que tienen que hacer es descargar un embudo programado con anterioridad y personalizarlo con sus datos y diseño, siguiendo los pasos que enseño en las lecciones del curso.

Al finalizar el módulo correspondiente, terminan con un embudo completo en línea, listo para construir su lista de suscriptores y vender su curso.

ELEMENTOS BÁSICOS DE UN *EMBUDO MÍNIMO VIABLE* PARA GENERAR SUSCRIPTORES:

- Página de Captura
- Imán de atracción

- Página de agradecimiento
- Página de descarga
- Secuencia de Correos

No existe una guía para todas las posibilidades que hay cuando necesitas crear un embudo. Dependiendo de tu objetivo, existen muchos elementos que puedes incorporar. Hay quienes buscan que quien llega a su sitio compre algún artículo directamente, se inscriba a un webinar o llene una encuesta. Las posibilidades son muy variadas.

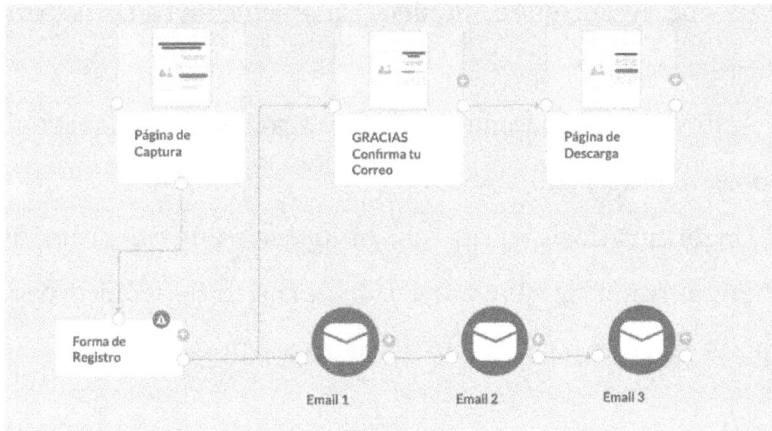

Imagen 14. *Mapa de embudo para captar suscriptores*

En estas páginas sólo explicaré de manera básica, en qué consiste un embudo para generar suscriptores, tal y como se muestra en la imagen 14. *Mapa de embudo para captar suscriptores*, para que comprendas cómo diferentes embudos pueden producir diferentes resultados.

2.1 PÁGINA DE CAPTURA

Una página de captura es un tipo de página de aterrizaje, que sirve para recopilar las direcciones de correo electrónico de los visitantes. Si logras persuadir a quienes llegan a tu sitio para que te proporcionen esa información, ofreciéndoles a cambio un regalo de valor, significa que tu página de captura está cumpliendo el objetivo para el cual fue creada.

Las páginas de captura suelen ser bastante cortas, pero casi siempre incluyen los siguientes elementos:

Un encabezado que comunique claramente un beneficio para el visitante.

Texto de apoyo con suficiente información para que el visitante tome una decisión.

Un formulario de registro que incluye solo uno o dos campos (normalmente: nombre y dirección de correo electrónico) para que el visitante pueda darte sus datos o salir de la página.

CLAVE DE ÉXITO:
"Crea una base sólida para tu curso digital, estableciendo parámetros claros para que los estudiantes los sigan"

A continuación te presento un listado de 12 puntos que te

ayudará a diseñar una página de aterrizaje completa, profesional y capaz de convertir a tus visitantes en suscriptores a tu lista.

"LLEGASTE AL LUGAR INDICADO"

Tu visitante necesita saber que está en el lugar correcto, así que asegúrate de afirmarlo directamente, captando su atención con imágenes y vocabulario reconocibles.

CLARA Y CONCISA

Las mejores páginas de destino tienen un solo mensaje y hacen una sola llamada a la acción. Asegúrate de que tu página de destino no intente hacer demasiadas cosas.

FÁCIL DE ENTENDER

Si un visitante no puede averiguar qué es lo que estás ofreciendo en 5 segundos o menos, lo perderás. Realiza una prueba con amigos y colegas.

ENCABEZADO CONVINCENTE

Necesitas un mensaje claro, conciso y rico en beneficios. Asegúrate de tener un titular que capte la atención de tus invitados y les deje claro que pueden obtener un beneficio.

LLAMADA A LA ACCIÓN A LA VISTA

La mayoría de tus visitantes no se desplazarán hacia abajo, si les das la oportunidad de obtener tu oferta gratuita en el momento que aterrizan en tu sitio.

PROTAGONISMO

Normalmente una imagen o un gráfico de tu *lead magnet* que llame la atención, incrementará tus conversiones.

CAMPOS DE FORMULARIO LIMITADOS

No pidas información que no necesitas. Si solo planeas hacer un seguimiento por correo electrónico, solicita nombre y correo electrónico como máximo (de hecho, puedes probar también eliminando el campo del nombre, si no planeas personalizar tus mensajes de seguimiento).

CONGRUENCIA DE FUENTES

La fuente y estilo del texto y las imágenes en tu página de aterrizaje, deben coincidir con el texto y las imágenes del anuncio que llevó al visitante a tu página de destino. Lo mismo aplica para las demás páginas del embudo.

CONSISTENCIA DE LA MARCA

No es necesario que coloques tu logotipo en cada página, pero la apariencia general debe ser coherente con tu marca principal.

COLOR DEL BOTÓN EN CONTRASTE

Hay mucho debate sobre los colores del botón, pero una constante es que el color del botón que llama a tomar acción, debe contrastar con los demás elementos del diseño de tu página.

TEXTO DE BOTÓN PERSONALIZADO

"Enviar" no es suficientemente bueno. Anota un texto en el botón que de una instrucción específica o hable del resultado final (ejemplo: "Quiero mi reporte gratuito" "Avísame cuando sea el entrenamiento" o "Acceso inmediato").

NAVEGACIÓN LIMITADA

La página de destino debe incorporar flechas, cuadros y otras señales visuales para llamar la atención sobre el área de llamada a la acción.

Cuándo empecé mi negocio en el mundo online, crear páginas web y embudos de venta fue quizás mi mayor dolor de cabeza. Era una labor imposible de llevar a cabo para alguien sin conocimientos previos en programación, ni tiempo para aprender. Además, era muy caro contratar programadores confiables y encima de eso, necesitaba los servicios de un copywriter y un experto en marketing digital para diseñar las estrategias de venta. Otra desventaja era que los procesadores de pago con tarjeta de crédito, no operaban en los países de habla hispana y prácticamente nadie hacía compras en línea.

La buena noticia es que hoy día, crear páginas web y embudos de venta ya no es un obstáculo para nadie, ya que existen muchas opciones muy amigables, de bajo costo y fáciles de usar, con las que puedes dar vida a tu idea de curso y empezar a generar ingresos en menos tiempo.

Durante el período captación del **Reto TIC**, utilizamos una plataforma "todo en uno", que nos ayuda a automatizar y simplificar nuestros procesos. Eso nos permite dedicar más horas a promover el evento y hacer que más personas participen en el desafío.

Si te interesa conocer nuestra metodología de comercialización y venta de cursos, inscríbete a la próxima edición del evento gratuito **Tu Idea de Curso Redituable**. Visita la página web que aparece en la contraportada del libro y asegura tu lugar en la próxima edición.

2.2 TU IMÁN DE ATRACCIÓN O *LEAD MAGNET*

Tu lista de suscriptores es un recurso imprescindible para tu negocio en línea. El *Email marketing* supera en resultados a las redes sociales. Un **imán de atracción** eficaz, es la pieza fundamental para empezar a construir tu lista de suscriptores y tener un negocio rentable, cuando empieces a vender tu curso.

Pero, ¿cómo decidir qué tipo de imán de atracción crear? En esta lección te daré la respuesta.

La idea "Imán de Atracción" proviene del término en inglés "*Lead Magnet*" y es algo que atrae prospectos o clientes potenciales a tu negocio, como si fuera un imán.

Para comercializar tu curso y llegar a tu público objetivo, vas a utilizar el *Email Marketing*, el cual se basa en que tus usuarios, de manera voluntaria, se interesan en ti y eventualmente en tu producto, en este caso, **tu curso digital.**

¿Cómo se logra esto? a través de ofrecerles algo de valor de manera gratuita y esa pieza de valor, es lo que llamamos imán de atracción o *"lead magnet"*

El *Lead Magnet* es cualquier contenido que sirve a tu cliente ideal, para satisfacer alguna necesidad o deseo, aportándole algún dato relevante. Es información útil relacionada con tu oferta.

CLAVE DE ÉXITO:
"Teniendo como objetivo el éxito de tus estudiantes, asegúrate de presentar tu contenido de una manera multisensorial y en pequeños fragmentos"

Los visitantes a tu sitio te brindan sus datos voluntariamente, a cambio de obtener esa información valiosa y el objetivo de esta sección del libro, es que aprendas a hacer tu propio *LEAD MAGNET*, de una manera eficiente, fácil y rápida.

Si alguna vez has entrado a un sitio web y leído algo como: **"Ingresa tu dirección de correo y obtén gratis mi metodología comprobada para lograr ...XYZ..."** has estado en un sitio que te ofreció un *lead magnet*.

Debo aclarar que los *"Lead magnets"* no son contenido promocional, es decir, no hacen una oferta directa, no venden. Son contenido útil y valioso para tu cliente potencial.

Ahora bien, producir un *Lead Magnet* de calidad suele ser una labor que consume tiempo, por lo que te presentaré una manera muy simple para completar este paso del proceso y empezar a construir tu lista de suscriptores.

Mi recomendación es que crees un documento de una página como máximo. Elige un aspecto específico de tu área de especialidad, sólo una solución concisa y clara.

Tiene que ser algo relacionado con el curso que planeas crear. Normalmente prefiero abordar algún tema que sé que causa "dolor" a mi avatar y aquí dolor significa: "estrés", "preocupación", "problemas", no necesariamente dolor físico, aunque también podría darse el caso de que tu producto sea para resolver o aliviar un padecimiento o dolencia física.

Para este ejemplo, vamos a pensar que estás creando un curso de "**Cómo lanzar un negocio de "XYZ" en 30 días**", y para efectos de producir tu *Lead Magnet*, optas por enfocarte en el problema que produce al emprendedor el tener que decidir el **nombre de su negocio.**

Como ya vimos, el tema del nombre es un problema con el que todos nos encontramos a la hora de lanzar un nuevo negocio. Entonces, tu imán para atraer nuevos suscriptores a tu lista, podría ser este:

"Descubre cuál es el error más común que debes evitar cuando buscas el nombre de tu nuevo negocio"

Esta información es valiosa para cualquier emprendedor, especialmente para quien lanza un negocio por primera vez. Por lo que no será difícil que al llegar a tu sitio, decidan voluntariamente darte sus datos a cambio de saber cual es el error más común que deben evitar, a la hora de poner el nombre a su nuevo negocio.

Por lo tanto, mi recomendación para que tengas un *lead magnet* rápido, es que elabores un documento breve, abordando un aspecto específico que cause **"dolor"** a tus clientes potenciales, y la solución que propones para "**aliviarlo**" o lo que es lo mismo, resolver el problema.

Ubica un punto específico que cause a tu cliente "estrés", "preocupación", "confusión" y si fuera tu caso, incluso algún tema en torno a un dolor físico.

PLANTEA EL PROBLEMA Y OFRECE LA SOLUCIÓN

Para que tengas total claridad de lo que tienes que hacer para completar este paso, desarrollé un ejemplo claro de cómo puede ser tu *"Lead Magnet"*, ya con el planteamiento del problema, la solución propuesta e incluso el diseño del mismo, como se muestra en la imagen 15.

Imagen 15. *Ejemplo de Imán de atracción.*

Entonces, una breve nota acerca de algún error común que debe evitar tu cliente ideal, relacionado con el curso que planeas crear, puede funcionar perfecto como Imán de Atracción o *Lead Magnet*.

Agrega información adicional de ti, muy breve, pero no hagas ninguna oferta de venta.

Si tu *Lead Magnet* no queda perfecto en el primer intento, no te preocupes. Eso es algo muy normal. El chiste es no detenerte, sigue adelante con el siguiente paso y recuerda que siempre podrás regresar a esta etapa del proceso, para ajustar o mejorar lo que consideres necesario. Por ahora lo más importante es avanzar.

CLAVE DE ÉXITO:

"Reconoce que existen inteligencias múltiples y cambia la pregunta de ¿qué tan listo eres? a ¿de qué manera eres listo?"

Aquí tienes los pasos a seguir para el diseño de tu *Lead Magnet*:

1. Abre una cuenta gratuita en la aplicación Canva.com Busca y elige una plantilla prediseñada, en cualquiera de las siguientes categorías: "Creative letter", "Report", "Business Letter", "Scientific poster".

2. En la plantilla seleccionada, escribe el texto que redactaste para tu imán de atracción, puedes seguir el formato que te compartí como ejemplo.

3. Busca una imágen gratuita en unsplash.com y súbela a tu plantilla.

4. Incluye una foto de ti, preferentemente tomada por un fotógrafo profesional.

5. Revisa tu diseño y texto

6. Descarga tu *lead magnet* de Canva.

Al participar en el **Reto TIC**, obtienes la oportunidad de descargar una lista completa con opciones e ideas para desarrollar un *Lead Magnet*. La guía es gratuita, solo debes estar presente al momento de compartir el enlace.

2.3 PÁGINA DE AGRADECIMIENTO

Como probablemente ya sabes, una página de agradecimiento es a la que se redirige a un visitante después de que opta por registrarse en tu lista (o realizar una compra). El propósito de esta página es brindarle un enlace al *lead magnet*, y agradecerle por haberse suscrito con un mensaje como el siguiente:

"GRACIAS POR SUSCRIBIRTE"

"Tu regalo está en camino. Por favor ve a tu bandeja de entrada, verifica tu suscripción y descarga tu reporte gratuito."

Las personas tienden a comportarse de manera consistente con una acción anterior.

En otras palabras, cuando alguien decide cumplir con una pequeña solicitud, como suscribirse a un boletín informativo, es más probable que más adelante, decida cumplir con una solicitud similar o mayor, como realizar una compra. Esto se conoce como "compromiso y coherencia" y es uno de los factores de marketing más poderosos. La realidad es que puedes hacer más cosas en tu página de agradecimiento para involucrar a tu audiencia y ofrecerles otros servicios.

Mucha gente retrasa a propósito la entrega del *Lead Magnet* por unos cuantos minutos, para mantener al visitante o cliente potencial en la página de agradecimiento por más tiempo. En esta oportunidad, puedes por ejemplo presentar un video corto mientras ellos esperan su regalo, en el que puedes hacer una oferta de una sola vez y utilizar la herramienta de medición *Google Analytics* para medir el número de visitas y cuánto tiempo permanecen en tu página, entre otras cosas.

Un video en esta página obviamente aumenta ese tiempo, lo que a su vez tiene que ver con el ranking y la optimización en motores de búsqueda (SEO) de tu sitio web.

Además de hacerles una oferta de venta, puedes agregar un botón debajo del video que diga algo como: "si la información del video te parece valiosa, haz clic aquí para compartirlo".

Como podrás ver, una página de agradecimiento bien optimizada aumenta las posibilidades de mejorar tus ventas. Veamos 5 estrategias para sacar el mayor provecho de tu página de agradecimiento:

CLAVE DE ÉXITO:
"Utiliza metáforas para explicar conceptos a través de la asociación de ideas"

---

1. SOLICITA REFERENCIAS

Generar nuevos negocios es un desafío continuo para muchos sitios en línea. Pero hay un canal de adquisición que, cuando es consistente, resulta ser una excelente fuente de ingresos. Se trata de las referencias. De hecho, según varias encuestas, más del 70% de los consumidores identifican la publicidad de boca en boca como un factor de influencia clave en su decisión de compra. No es de extrañar entonces que muchas empresas te pidan que los recomiendes con un amigo o familiar, cuando te registras en su sitio.

"¿Conoces a alguien que pudiera beneficiarse con esta información? Si tu respuesta es afirmativa, te agradeceré recomendarme compartiendo **este enlace**".

2. SOLICITA QUE TE SIGAN EN TUS REDES SOCIALES

Las solicitudes que les pides a tus suscriptores varían según el perfil de tu audiencia.

Los adolescentes, por ejemplo, tienen más probabilidades de compartir algo en redes sociales que enviar un correo electrónico. Si sabes que tus seguidores pasan tiempo en Facebook, pídeles que le den "Me gusta" a tu página y no una referencia.

Por último, puedes aprovechar esta página para invitarlos a que se unan a un grupo de WhatsApp y tener una comunicación más directa con ellos.

3. CONSTRUYE TU AUTORIDAD

Anteriormente te hablé sobre el poder del compromiso y la coherencia: es decir, de nuestra tendencia a ser coherentes con las acciones que ya hemos tomado antes. Pero existe otra estrategia ampliamente recomendada: **demostrar autoridad.**

Cuando eres un experto reconocido en tu campo, no necesitas dedicar tanto tiempo a buscar nuevos negocios, sino que tus clientes vienen a ti. Sin embargo, es importante recordar que la autoridad no se demuestra por lo que dices sobre ti o tu negocio, sino por lo que otras autoridades y personas opinan de ti y de tu negocio.

La confianza no se construye en un solo intento, sino gradualmente y con tiempo. Se va afianzando más cada vez, en la medida en que el comprador avanza a través de cada una de las diferentes etapas del proceso de compra. Ten esto en cuenta cuando te posiciones como un experto en tu área de especialidad.

CLAVE DE ÉXITO:
"Elige conscientemente palabras que enciendan asociaciones positivas, impulsen el aprendizaje y mejoren tu comunicación"

---

4. VENDE UN PRODUCTO O SERVICIO

El tráfico pagado se está convirtiendo rápidamente en una parte integral de muchas campañas de marketing online, por una buena razón: Es muy eficaz.

Se sabe que la publicidad en Facebook, por ejemplo, ofrece un retorno de inversión de 4 a 8 veces el monto invertido, para las tiendas de comercio electrónico. Pero seamos honestos, el tráfico pagado es caro. Y si no estás recuperando tus costos al adquirir un nuevo cliente potencial, estás perdiendo dinero. Entonces, ¿cómo puedes disminuir tus costos para generar tráfico pagado a tu sitio?

Muy sencillo, haciendo una oferta que te ayude a recuperar tu inversión en publicidad. En pocas palabras, una oferta en la página de agradecimiento de un producto de bajo costo, te ayudará a cubrir tus gastos publicitarios a la vez que te permitirá hacer una segmentación más a fondo, entre suscriptores y prospectos.

5. DEJA UN ENLACE A TU CONTENIDO MÁS POPULAR

Si un visitante a tu sitio se registra en tu lista, es porque encontró valor en tu oferta de contenido y muy probablemente piensa que puedes brindarle más valor en el futuro. Teniendo esto en cuenta, es recomendable que en tu página de agradecimiento dejes un enlace a tus artículos y videos más populares, no sólo para cumplir con esa expectativa, sino para continuar construyendo tu autoridad de experto. Por cierto que la plataforma que utilizamos durante el **Reto TIC** también cuenta con una herramienta para crear un blog en tu página web.

Participar en este evento formativo gratuito, es tu oportunidad para dar el primer paso de emprender enseñando, después de desarrollar tu única y exclusiva idea de curso redituable.

Se trata de avanzar los primeros pasos para darle vida a tu idea de negocio, a partir de un conocimiento que ya tienes y que puede ayudar a los demás; por ejemplo, desarrollando tu curso digital.

Si te interesa participar en este revolucionario reto, que es en realidad una experiencia formativa totalmente online y gratuita, verifica la fecha de su próxima edición en la página web al final de éste libro.

PÁGINA DE DESCARGA

No hay mucho que decir acerca de la página de descarga, simplemente mencionar que es donde tu suscriptor tiene acceso a su regalo de valor. Dependiendo de lo que les hayas ofrecido a cambio de registrarse, puede ser una página en la que descargue un PDF, vea un video o bien, acceda a un área exclusiva para miembros dentro de tu sitio, ingresando su nombre de usuario y contraseña.

CAPÍTULO 3
LLEVA A CABO TU
LANZAMIENTO BETA

n Lanzamiento Beta es la estrategia perfecta para arrancar tu negocio digital con mayor impulso. Se trata simplemente de un evento que como cualquier otro, requiere de una buena planeación y ejecución para ser exitoso. La idea de llevarlo a cabo es lograr que tu cliente ideal cuente los días que debe esperar para poder comprar tu curso digital. En este capítulo descubrirás la forma más simple de salir al mercado. Esta estrategia de validación te permite saber si tu audiencia está interesada y lista para adquirir tu curso online y es excelente para obtener tus primeros testimonios de alumnos. Veamos cómo funciona.

Internet ha transformado la forma en que dueños de pequeños negocios dan a conocer su oferta y construyen su marca. Hoy en día eso resulta más fácil, rápido y económico que antes. El reto consiste en llamar la atención de tus clientes potenciales en un mercado hipercompetitivo.

Actualmente, cada vez más gente se está conectando a Internet para resolver muchas cosas y la mejor manera de dar a conocer tu curso a tu público, es a través de un Lanzamiento Beta.

¿Pero qué es un Lanzamiento Beta?

La metodología denominada "Lanzamiento Beta" es literalmente un lanzamiento para llevar y es una excelente opción para dar a conocer tu curso al mercado y conseguir tus primeros alumnos.

Este proceso consiste en convocar amigos, contactos, familia y otras personas en tus redes sociales interesadas en tu información y hacer una presentación en vivo en la que lanzas tu curso a la venta por primera vez.

La meta es educar a tu audiencia acerca de la transformación que puede llegar a sus vidas, al mismo tiempo que vas sembrando interés en lo que estás a punto de ofrecer, es decir, tu curso, que es precisamente el vehículo que los llevará del punto **A** al punto **B**, o lo que es lo mismo: la clave para lograr dicha transformación.

Tu objetivo también es crear expectación, calentar motores para cuando llegue el momento de liberar tu programa y hacer tu oferta de venta, de la misma manera en que los grandes estudios de Hollywood lanzan una película y la audiencia aguarda impaciente el momento de poder pagar para verla.

Piensa en los productos de la marca Apple. Gracias a las campañas de lanzamiento que llevan a cabo, logran que la gente tome la decisión de comprarlos, incluso antes de saber el precio, al grado de que esperan haciendo cola afuera de las tiendas, con la tarjeta en la mano, para ser los primeros en adquirir el nuevo equipo.

Llevar a cabo un Lanzamiento Beta es un proceso simple, aunque eso no significa que sea fácil. Involucra mucho esfuerzo y si quieres tener éxito, debes seguir al pie de la letra una metodología específica para ese propósito.

El negocio online que estás a punto de iniciar, no se limita a llevar a cabo un solo proceso de lanzamiento de tu curso, sino varios a lo largo de años, pero siguiendo la misma metodología.

Como cuando te interesa una serie de Netflix y encuentras el primer tráiler de la temporada 1. Más tarde sale el segundo y luego el tercero. Tu interés va en aumento, en tus redes sociales ves anuncios de artículos promocionales de la serie y tan pronto sintonizas un canal de YouTube, encuentras noticias y clips en los que entrevistan a los actores de la producción.

En ese momento quedas enganchado. Te grabas en tu mente la fecha del estreno y sientes la necesidad de ver todos los capítulos, para no quedar fuera de la jugada.

Todo lo anterior va generando una ola creciente de expectación, en la que todo mundo tiene algo que decir de la primera temporada. Y cuando llega la fecha en que sale el primer capítulo, las suscripciones a Netflix suben como la espuma y los ratings de la serie son altísimos.

Este proceso se repite en todas las temporadas de la serie y no se da por casualidad, sino que es el resultado de una buena planeación que se sigue minuciosamente.

Como te decía, hay un método de ejecución diseñado específicamente para generar tráfico masivo y ventas.

Esta metodología no es nueva, recuerdo que durante mis años de productor de eventos, los lanzamientos de producto de mis clientes eran muy comunes.

En esos eventos de lanzamiento aprendí muchas estrategias de marketing, sin embargo, eran campañas con costos multimillonarios que solo las grandes marcas podían llevar a cabo y que se hacían sólo una vez por cada producto que lanzaban.

Hoy, gracias a la tecnología y las posibilidades de llegar a tu audiencia a través de Internet y redes sociales, los dueños de pequeños negocios y personas expertas en algún área productiva que desarrollan un curso digital, pueden invertir una cantidad de dinero accesible a su bolsillo y ejecutar este poderoso método de generación de tráfico masivo, empezando con un Lanzamiento Beta y mejorando sus resultados de venta con lanzamientos posteriores más elaborados.

Esta es la razón por la que un lanzamiento digital es en realidad un evento, un acontecimiento que se repite cada cierto período de tiempo, a diferencia de los lanzamientos tradicionales en los que se presenta y lanza un producto a la venta solo una vez.

En resumidas cuentas, el objetivo es construir un vínculo

con tu audiencia, con las personas interesadas en tu curso que aún no te conocen y no saben lo que puede hacer por ellos, por lo que no debes caer en el error de intentar vender tu curso en línea sólo a través de una página web, publicando el precio y cruzando los dedos con la esperanza de que alguien te compre.

Durante el desarrollo del **Reto TIC**, los participantes aprenden en qué consiste un Lanzamiento Beta, así como los pasos para crear una pequeña audiencia, presentar por primera vez su curso y medir la reacción de su público antes de salir a la venta de manera masiva.

Esto se hace para validar si el contenido de un programa determinado, es lo que en realidad está buscando el mercado al que va dirigido.

Hay muchos factores que hacen de un Lanzamiento Beta una opción única para empezar a comercializar tu curso:

- Se requiere de tecnología básica que ya sabes usar
- El costo de inversión es cero (o muy bajo si decides invertir en publicidad)
- Te permite hacer ajustes importantes antes de terminar de crear tu programa definitivo
- Incluso es posible generar tus primeros ingresos por venta

Si decides participar en el **Reto TIC** y al finalizar el mismo dar un paso adelante para continuar tu formación, tú también aprenderás la metodología paso a paso para ejecutar un lanzamiento de validación como este y optimizar tu oferta, antes de invertir en un lanzamiento masivo que te genere miles de dólares de utilidad.

3.1 CONSTRUYENDO TU AUTORIDAD

Para la mayoría de los **Edu Empresarios**, es importante ser vistos como líderes en su campo de acción, a fin de proporcionar el mayor valor posible a quienes adquieren sus programas y obtener mejores resultados durante el lanzamiento de su curso. En esta lección aprenderás algunos aspectos básicos para construir tu autoridad de experto y obtener mejores resultados en tu Lanzamiento Beta.

Imagina por un momento que ya creaste un curso digital de calidad, uno que ayudará a muchas personas a transformar su vida y su negocio. Completaste los pasos del programa, pagaste publicidad para generar tráfico a tu sitio y hasta presentaste un webinario para promoverlo... y después de dedicar horas y horas de arduo trabajo, lo lanzas y qué sucede? ¡Nada!

Nadie compra tu curso.

Eso es exactamente lo que me pasó cuando lancé mi primera capacitación en línea y por supuesto que fue devastador. ¿Cuál fue mi problema?

No era consistente en la creación de contenidos relacionados con los temas de mi entrenamiento. No construí mi autoridad como experto. Mi público objetivo no me conocía. Estoy seguro que no quieres que te pase lo mismo que a mi.

¿Quieres saber cuál es la buena noticia?

No tiene porqué pasarte y por eso creé esta lección. La verdad es que en aquella ocasión no hice lo que debía, y no por no querer, sino por no saber a ciencia cierta lo que tenía que hacer.

Además, las redes sociales de entonces tampoco tenían el poder de difusión que tienen hoy. Sé que para muchos esta es una tarea complicada, especialmente si nunca la han realizado.

En este libro mi promesa es que las cosas te resulten sencillas y rápidas de implementar, sin sacrificar la calidad del resultado. Por eso te presento una serie de estrategias para posicionarte como experto, a fin de que elijas la que mejor se adapte a ti.

¿QUÉ ES UN EXPERTO?

"Un experto es alguien muy hábil en alguna actividad, que sabe más de algún tema que el 95% de la gente"

¿Cuánto más debe saber de algún tema?

Como ya mencioné anteriormente, con que sepas un 30 ó 40% más que tus alumnos acerca de un tema, puedes considerarte experto y apto para enseñarles de esa materia en particular.

Una de las ventajas de ser reconocido como experto es lograr que tus clientes vengan a ti, en lugar de perseguirlos.

Para que te reconozcan como un experto en tu área de especialidad y aumentar tu reputación, existen varias opciones e independientemente de la que tú elijas, debes hacerlo de manera consistente: cada semana, cada tercer día, incluso si es posible: cada día.

REDES SOCIALES

Mi primera recomendación es que te concentres sólo en una red social y aumentar tu base de seguidores poco a poco. Hoy en día, pienso que la mejor opción es **Instagram.** Resulta visualmente fresca y atractiva y abarca un amplio segmento de edad.

Es muy sencilla de usar y permite posicionarse como experto de algún sector, mediante compartir imágenes, videos y texto con mensajes de valor relevantes para una audiencia específica.

También puedes hacer encuestas y transmisiones en vivo. Si lo haces de manera regular y organizada, tus seguidores notarán que eres profesional y que sabes de lo que hablas. El algoritmo lo notará. Poco a poco irá creciendo el número de personas que te siguen y buscan tu solución, con lo que tu reputación de experto se irá fortaleciendo.

CLAVE DE ÉXITO:
"A la hora de impartir tu curso, la congruencia entre tu mensaje y tu lenguaje corporal, resultará en una comunicación más impactante"

ELEMENTOS DE UN BUEN POST EN INSTAGRAM

1. La foto es el elemento principal de tu publicación y por lo tanto, tiene que ser de alta calidad

2. Usa filtros de manera consistente

3. Si utilizas citas que acompañan a la foto, estas tienen que ser cortas

4. Usa hashtag para que la gente encuentre tus fotos

5. Usa stickers, fotos en collage y carrousel, pero no exageres

6. Incluye ocasionalmente alguna pregunta o llamada a la acción, para interactuar con tu audiencia

7. Alterna tus publicaciones comerciales con fotos tuyas y de tu actividad. Esto humaniza tu perfil y fideliza a tus seguidores

8. Crea historias para crear expectativas sobre algo o simplemente para enganchar a tu audiencia

9. Usa leyendas o pies de foto relevantes

10. Crea y sube videos

Mientras estés creando tu curso, continuarás con esta labor en paralelo y de manera constante. Las personas decidimos comprar de quienes conocemos, nos caen bien y nos inspiran confianza, por lo que crear y compartir contenido te ayudará a darte a conocer como una autoridad en tu tema, alguien que sabe lo que hace y aporta valor con sus conocimientos. También te conocerán en un plano más personal, lo que ayudará a incrementar tus resultados de manera exponencial.

No se trata de vender de manera directa, sino de posicionarte como experto y generar confianza entre tus seguidores. Cuando llegue el momento de ofrecer tu curso a la venta durante el Lanzamiento Beta, podrán decidir si es o no para ellos y en dado caso, tendrán la confianza y la certeza de que eres la persona indicada para ayudarles a obtener la solución que promete tu programa.

CONVIÉRTETE EN UN PUNTO DE REFERENCIA

Ser un experto te convierte en la persona a la cual recurrir cuando se busca una solución específica y si vas a crear un curso para transmitir tus conocimientos especializados, ¿no te parece una buena idea que te reconozcan como un experto en tu tema?

Te daré un ejemplo: supongamos que tienes a dos doctores cardiólogos con los que puedes atenderte, los dos son igual de capaces y están al mismo nivel de experticia, ¿con cuál decidirías atenderte si no los conocieras? ¿Con el que la mayoría de la gente reconoce como experto en cardiología o con el que ni siquiera ubican?

La respuesta es obvia: con el que tiene el estatus de experto y es reconocido por la gente.

Ojo, los dos son expertos y están al mismo nivel de conocimientos; sólo que uno está posicionado y la gente lo ubica y el otro no.

Si llevas a cabo alguna de las actividades que te comparto a continuación, podrás lograr el estatus de experto con tus seguidores, en un lapso de entre 6 y 12 meses. La clave está en que seas consistente.

Hay varias maneras para lograrlo, pero por ningún motivo creas que debes llevar a cabo más de dos estrategias al mismo tiempo, especialmente cuando estás iniciando. Incluso, si haces sólo una de ellas, como es concentrarte en tu perfil en Instagram, puedes lograr tu objetivo.

Así que no te abrumes, no se trata de hacer todas estas actividades. Se trata de escoger sólo una y comprometerse a realizarla de manera constante.

Pero antes...**Tómate una buena foto de rostro y otra de cuerpo entero.**

Contar con un buen par de fotos de ti mismo que te representen, es indispensable. Muchas personas te reconocerán primero por tu foto, que por tu nombre, y cuando te vean por segunda vez, sabrán que se trata de ti por tu imagen.

Esas mismas fotos las usarás en todos lados y serán tu sello distintivo: por eso debes escogerlas bien e incluso pagar a un profesional para que te las tome.

OTRAS MANERAS DE CONSTRUIR TU AUTORIDAD

FACEBOOK

En lugar de perder tiempo en Facebook como tanta gente hace, te recomiendo compartir comentarios de tu área de especialidad, tanto en tu perfil, como en grupos relacionados con tu tema. Empieza con artículos breves y videos de tu campo de acción. No tienes que ser el autor de todo lo que publicas, también puedes compartir contenido de alguien más. Convierte el tiempo que pasas en esta red social en algo productivo y empieza a hacerte notar en los temas en los que te interesa ser reconocido como experto.

ABRE UN BLOG

Si aún no tienes un blog, puedes buscar a quien ya tenga el suyo y esté relacionado con tu campo. A esa persona ofrécele participar escribiendo contenido como colaborador.

Aunque no lo creas, tanto los blogs como otros medios digitales están ávidos de contenido y si les ofreces un artículo de calidad, seguramente te invitarán a participar más seguido.

Una vez que logres que tu artículo o artículos se publiquen, compártelo en todas tus redes sociales y haz que tus amigos y familiares te apoyen compartiendo también tu publicación.

Cuando sientas que ya es el momento, inicia tu propio blog.

ESCRIBE UN EBOOK

Un eBook es un trabajo de alto valor percibido y es muy sencillo crearlo. No es necesario escribir demasiado contenido. Los eBooks que he escrito rondan las 5000 palabras y dependiendo de tu tema, el tuyo puede ser un poco más breve o más extenso.

Escribir un eBook es más fácil de lo que crees y te servirá para muchas cosas. Por ejemplo, como obsequio para quienes se inscriban en tu lista de correos, ahora que lances tu curso. Esta es una manera en la que tus clientes pueden experimentar la calidad de tu contenido antes de comprarlo y reconocerte como experto en tus temas.

Además, si tu eBook contiene datos valiosos, tus suscriptores estarán seguros que tu curso es de mayor valor y estarán dispuestos a pagar por él.

CLAVE DE ÉXITO:
"Prepara tus instrucciones para que sean completas, concisas y fáciles de comprender"

ESCRIBE UN LIBRO FÍSICO

Casi sin excepción, los grandes expertos han escrito por lo menos un libro físico. Aunque suene como una tarea desalentadora y complicada, no es tan difícil como parece, pero definitivamente sí es algo que toma tiempo. No tienes que hacer tú mismo cada parte del libro, puedes escribir tus ideas en borrador y encontrar a un escritor que te ayude a pulirlas, para terminar en un menor tiempo y con un mejor estilo.

MANEJA ENTREVISTAS

Entrevistar a otros expertos en tu campo también te ayudará a ser identificado como uno de ellos. En mi caso, hice una serie de entrevistas a las personalidades más reconocidas a nivel mundial de mi anterior campo de negocio, lo que no sólo me dio a conocer con esos grandes empresarios, sino con sus seguidores. Eso me ayudó a que más gente me asociara con ellos y no tardaron en ubicarme como un miembro más de ese selecto **"club de expertos"**. También es una buena idea conseguir que te entrevisten en algún medio y darte a conocer con sus audiencias.

PODCAST, CANAL DE VIDEO Y TRANSMISIONES EN VIVO

Crea tu propio podcast o canal de video. Los programas de audio pueden ser producidos a partir simples grabaciones caseras, hechas con base en un guión previamente escrito. Hoy día, lo común es que vayan acompañadas de transmisiones en vivo de video, y eso se conoce como Podcast. Este formato de producir contenido está teniendo una gran aceptación actualmente. Busca tutoriales de cómo hacerlo. Yo acabo de lanzar mi podcast desde cero y aparte de producir materiales para mis cursos, me estoy divirtiendo cómo enano produciendo mis programas, al mismo tiempo que mi audiencia y mi reputación aumentan.

Lo mismo aplica con la producción de videos, cualquiera que busque ser reconocido como autoridad en su campo, puede crear videos con temas relevantes a su área de experticia y subirlos a sus redes sociales.

En este segmento, la opción con la que mejor puedes enganchar a tu audiencia son las transmisiones en vivo, vía Facebook, Youtube e Instagram.

ENSEÑA LO QUE SABES

Enseñar lo que sabes es la manera más efectiva de posicionarte como experto y tener tu propio curso en línea, no solo será para ti una fuente de ingresos, sino una herramienta más para construir tu autoridad.

Recuerda empezar con lo que se te haga más fácil. Con sólo llevar a cabo una de estas estrategias cuando estas iniciando, puedes lograr tu objetivo de ser reconocido como experto en menos tiempo de lo que te imaginas.

CLAVE DE ÉXITO:
"Identifica palabras y frases clave que utilizas durante tus presentaciones, que tienen mayor impacto en los estudiantes"

VISIÓN DE LARGO ALCANCE

Construir tu autoridad es una labor de largo plazo que debes continuar en el tiempo.

No te estreses, no necesitas miles de seguidores de la noche a la mañana. Construir tu audiencia poco a poco y tu reputación de experto, es el tipo de cosas en las que todos debimos de habernos centrado desde hace mucho tiempo, pero que la mayoría no lo hicimos. Hoy es el mejor día para empezar a hacerlo.

CLAVE DE ÉXITO:
"Conoce el estilo de aprendizaje de tu estudiante (visual, auditivo o kinestésico) y preséntale tus ejemplos de la manera que mejor funcione para él"

Por último, aprovecha al máximo tu posicionamiento de experto para construir tu lista de suscriptores. Recuerda que tu negocio en línea empieza con una lista de clientes calificados.

3.2 FASES DE UN LANZAMIENTO BETA

Este no es sólo un libro de "cómo crear tu curso digital", sino también de cómo ponerlo en manos de tu cliente ideal. En esta sección te presentaré los fundamentos para para lograrlo por primera vez.

Todo se logra sin tener una lista de prospectos, planear un lanzamiento tradicional que consume tiempo y energía e invertir en anuncios publicitarios.

Esta es la forma más simple de crear una audiencia desde cero, presentar tu curso a la venta y conseguir tus primeros alumnos de pago.

El proceso debe llevar de 1 a 2 semanas.

Se trata ejecutar un micro evento de lanzamiento que aporte valor a tu público de principio a fin y brindarles algo que los acerque al resultado final que promete tu curso.

Empiezas por convocar contactos que guardas en tu directorio telefónico, pueden ser amigos, familiares y otras personas que conozcas, así como contactos en redes sociales, lista de correos y comunidades de tu nicho, que vas a atraer a tu perfil personal para invitarlos a que se sumen a un grupo de WhatsApp, desde el cual llevarás a cabo una breve campaña de marketing en torno al tema y beneficios de tu curso.

El objetivo primordial una vez que se unen al grupo de WhatsApp, es ejecutar una estrategia de comunicación con mensajes intencionales, para persuadirlos de que asistan a un taller gratuito que presentarás en vivo a través de un grupo de Facebook.

Al finalizar tu taller, les extiendes una invitación para que se suscriban a tu curso. Ese es básicamente el proceso en términos generales.

Un Lanzamiento Beta consta de 4 fases:

1. Fase de Preparación
2. Fase de Atracción
3. Fase de Comunicación y
4. Fase de Venta

FASE DE PREPARACIÓN

La primera fase de un Lanzamiento Beta es la de preparación y como su nombre lo indica, es cuando organizas todo lo necesario para tener una ejecución fluida y exitosa.

Cabe destacar que el objetivo principal de un Lanzamiento Beta es que los interesados que logres captar, asistan a la presentación de tu taller en vivo. Nada más.

No te preocupes por hacer labor de venta durante las primeras 3 fases. Sólo enfócate en que más gente llegue a la cita.

Ya estando en el taller, que es la 4ta y última fase, tendrás tiempo para lanzar tu oferta a la venta e invitar a los asistentes a inscribirse en tu curso.

Pero para que lleguen a la presentación en vivo, hay una serie de estrategias que debes llevar a cabo en las 3 fases previas.

La fase de preparación conlleva una carga de trabajo considerable y las cosas no se van a producir solas.

Por eso en el **Seminario en Línea Tu Curso Digital (TCD)**, entregamos a los alumnos un *checklist* para qué sepan exactamente qué hacer y en qué orden.

Además, obtienen guías, guiones, plantillas y ejemplos de todo lo que tienen que hacer.

Ellos sólo tienen que "tropicalizar" los materiales que reciben, de modo que todo resulta más sencillo de ejecutar.

Hay un dicho que dice que el éxito ama la preparación y de eso se trata esta primera fase: de producir, organizar y preparar lo que necesitas para lanzar como todo un profesional y tener éxito al final del evento.

FASE DE ATRACCIÓN

El objetivo de esta fase es crear una audiencia para tu Lanzamiento Beta y para ello debes lograr que se unan a tu grupo de WhatsApp la mayor cantidad de personas posible.

Si logras captar un mínimo de 60 personas a quienes presentar tu taller, vas por muy buen camino. Si no, también porque estás avanzando en la dirección correcta. Tarde o temprano toda esta experiencia la vas a capitalizar en tu negocio.

Claro que quieres una gran audiencia mucho más grande y ventas masivas, pero no te preocupes si no logras reunir mucha gente por ahora y no obtienes las ventas que quisieras, eso vendrá después.

En este momento el objetivo es presentar tu curso al mercado y validarlo. Si por el mismo boleto consigues a tus primeros alumnos de pago, pues todavía mejor.

Seguramente para estas alturas ya tienes definido un precio de venta, pero en tratándose de dar a conocer tu curso por primera vez, se vale hacer una reducción para motivarlos a inscribirse.

Eso es algo que te toca decidir a ti cuando llegue el momento de armar la presentación de tu taller, en la sección donde lanzamos la invitación a inscribirse al curso y revelamos el precio.

Durante la fase de atracción tampoco vas a vender tu producto, sino hacer que más personas se interesen en lo que vas a presentar y se unan a tu grupo de WhatsApp.

Esta fase empieza invitando personas de tu agenda de contactos que puedan estar interesadas en tu solución, para que se unan al Lanzamiento.

También vas a contactar y convocar contactos en tus redes sociales y miembros activos en grupos de tu nicho que logres identificar.

Los mensajes que envías durante la fase de atracción se vinculan de una manera muy intencional, para generar el máximo interés por tu producto en la mente de la audiencia.

No voy a detallar los pasos y momentos exactos de cada fase, ni la manera específica en que debes redactar tus piezas de comunicación, eso excede por mucho los alcances de este libro.

Por ahora, lo más importante es destacar que el lanzamiento como tal lo harás dentro un grupo de WhatsApp y la presentación en vivo de tu taller, dentro de un grupo privado de Facebook.

Entonces, la fase de atracción se enfoca en motivar a más personas a participar en tu Lanzamiento Beta, uniéndose al grupo de WhatsApp.

Y si sabes escribir mensajes de texto y grabar mensajes de audio estás del otro lado, puesto que no necesitas aprender nada más para ejecutar esta poderosa estrategia.

Esta metodología ya existe y funciona muy bien. Si quieres aprender a llevarla a cabo, asegura tu lugar en la próxima edición del **Reto TIC**, en dónde te revelaré los detalles de cómo adquirir éste conocimiento y cambiar el rumbo de tu emprendimiento.

Si crees que esta formación es para ti, visita la página web que aparece en la contraportada del libro y participa en la próxima edición de éste revolucionario desafío educativo. Me va a dar mucho gusto verte ahí.

"Si quieres que tu nuevo negocio de educación a distancia sea algo real...ponle fecha al lanzamiento de tu curso"

Clave de éxito:
"Tu capacidad para motivar a tus alumnos es directamente proporcional a su capacidad para mantenerse comprometidos"

FASE DE COMUNICACIÓN

El objetivo de esta fase es que estén deseando que comience el taller, ya que has hecho un gran trabajo preparando todo para ese momento.

Cuando hablamos de la estrategia de comunicación, nos referimos a todas las publicaciones que haces en el grupo previo a la realización de tu taller, para generar mayor cercanía con la audiencia y expectación e interés por lo que estás a punto de ofrecer, o sea tu curso.

Aquí aprovecho para aclarar que cuando hablo de "comunicación", me refiero a todo lo relacionado con la estrategia de marketing, cómo integrar botones que activan la venta, historias de transformación y casos de éxito que puedas relatar para enganchar a la audiencia y motivarla para asistir al taller y adquirir tu programa.

Y cuando hablo de "contenido" me refiero a la parte educativa que tiene que ver con el tema de tu curso.

Podríamos decir que la estrategia de comunicación es el punto neurálgico de tu Lanzamiento Beta, ya que contiene las piezas de información que te ayudarán a arrancar tu taller con más impulso y potenciar tus resultados de venta.

Recuerda que un Lanzamiento Beta tiene como objetivos principales:

- Aportar valor antes de vender nada
- Educar a la audiencia acerca de la transformación que pueden lograr
- Sembrar interés en lo que estás por ofrecer (que es tu curso y que es la clave para lograr dicha transformación)
- Generar tus primeras ventas
- Obtener testimonios de tus alumnos

Aquí creas expectación y calientas motores, para que cuando llegue el momento de liberar tu programa, estén listos para tomar la mejor decisión.

Tu objetivo ahora mismo es llevar a las personas que llegaron a tu grupo desde un punto en el que digan: "No sé nada del curso que mencionas", hasta otro en el que afirman convencidos: "Me interesa saber más ¿Cuándo y a qué hora empieza el taller?"

Como ya he mencionado, esto se logra mandando mensajes de una manera intencional, incorporando tu historia de transformación y algunos de los botones que activan la venta como: prueba social, urgencia y escasez.

La idea es generar el mayor impacto posible y para ello es

necesario convencerlos de que existe una oportunidad, que es real y que puede ser para ellos.

En esta etapa les haces saber que comprendes la frustración por la que están pasando, porque has estado ahí y eres la persona indicada para enseñarles el camino y cómo dar el primer paso.

El objetivo también es demostrar que la transformación es posible. Que vean con claridad que no tienen porqué vivir con ese dolor o frustración, ya que que existe una alternativa a su alcance.

Si puedes, presenta casos de éxito de otras personas que ya hayan probado tu solución y obtenido los resultados esperados, de lo contrario, habla de tu propia experiencia. Así, tu audiencia podrá validar que la transformación que promete tu curso es real.

Muestrales el proceso de cambio que experimentó esa persona (o tú mismo) y cómo el haber resuelto el problema impactó positivamente en otras áreas de su vida, las cuales no pensaba que fueran a cambiar.

Lo anterior hará que se pregunten: ¿cómo exactamente opera este proceso? y sentirán la necesidad de obtener la respuesta. Pero más aún, se preguntarán ¿cómo funciona la solución en mi caso particular? Porque seguramente tu audiencia se conforma de personas diversas que se encuentran en un punto distinto y al final de esta tercera fase, sabrán que para responder a esa pregunta deben asistir a tu taller en vivo.

Porque seguramente tu audiencia se conforma de personas diversas, que se encuentran en un punto distinto.

FASE DE VENTAS

El objetivo de esta fase es presentar tu taller, educar a la audiencia acerca de tu solución y conseguir a tus primeros alumnos.

Tu taller constituye la parte de contenido del lanzamiento beta, que como ya vimos, es lo que tiene que ver con tu curso.

Al final del taller vas a presentar a los asistentes una oferta fuera de serie para que se inscriban a tu programa.

La ventana de oportunidad para inscribirse debe durar entre 12 y 24 horas, para activar el botón de la urgencia.

Si quieres puedes extenderla a 48 horas, pero no más.

Esto se conoce como período de puertas abiertas.

Una vez transcurrido ese período se "cierran las puertas" y las inscripciones a tu taller dejan de estar disponibles, hasta nuevo aviso. Es decir, hasta el próximo lanzamiento.

En todos los correos y publicaciones que mandes, debe haber un enlace que los lleve a la página de ventas en la que pueden comprar tu entrenamiento, mientras las puertas permanezcan abiertas.

Mi recomendación es que tu masterclass sea en vivo, no sólo por que con este formato aumenta tu porcentaje de conversión, sino para tener la oportunidad de interactuar con tu audiencia en tiempo real, responder a las preguntas que te hagan al final de la exposición y poder ajustar una vez más el contenido de tu curso con la retroalimentación que recibas, antes de que inicie formalmente.

Clave de éxito:
"Para dar continuidad al aprendizaje, capta la atención de tus alumnos y redirígela a la siguiente tarea."

Establecer un día de cierre de puertas crea una sensación de escasez que motiva la decisión de compra de tu avatar por temor a quedar fuera de la oportunidad. Esta estrategia, también te ayudará a mantener el programa más organizado, ya que todos tus suscriptores arrancan la experiencia al mismo tiempo.

Una vez que se ha cerrado la ventana de lanzamiento, es decir, el período dentro del cual tu audiencia puede adquirir tu curso, es fundamental que des seguimiento a quienes se inscribieron, agradecer su suscripción y darles la bienvenida.

Para aquellos prospectos que no compraron tu programa, es recomendable mantener contacto con ellos y conocer las razones por las que decidieron no inscribirse.

Si ya ejecutaste un primer lanzamiento, sigue nutriendo con contenido valioso a la gente que lograste concentrar en tu grupo de Facebook.

Aún cuando no hayan adquirido tu programa no los abandones.

Estás haciendo tus primeros pininos y conforme vayas haciendo más lanzamientos y crezca tu negocio, esas personas seguirán siendo tus parte de tu audiencia y algún día dejarán de ser prospectos y se convertirán en clientes.

VENTAJAS DE UN LANZAMIENTO BETA

Hay muchos factores que hacen de un Lanzamiento Beta una opción única para dar a conocer tu curso por primera vez y conseguir tus primeros alumnos.

- Se requiere de tecnología básica que ya sabes usar
- El costo de inversión es cero (o muy bajo si decides invertir en publicidad).
- Es una excelente manera de generar expectación e interés en tu audiencia acerca de lo que está por venir, o sea, tu curso
- Aún si vendes muy poco o nada, obtienes algo valioso que es la retroalimentación que te da la encuesta de salida
- Puedes verificar si todo fluye correctamente y si tus conceptos son claros antes de entregar tu curso completo
- Obtienes testimonios y casos de estudio de tus primeros participantes para utilizarlos en tu marketing

- Puedes generar ingresos para fondear tu emprendimiento
- Es un proceso simple y no necesitas un equipo de personas para ejecutarlo

Para llevar a cabo el reto **Tu Idea de Curso Redituable** (que es en realidad un lanzamiento), utilizamos una plataforma todo-en-uno fácil de aprender a usar, con más de 50 herramientas digitales integradas.

Esta "navaja suiza" de aplicaciones tecnológicas, nos permite automatizar diferentes tareas durante un evento de este tipo, simplificando todo el proceso.

Nuestro objetivo es que conozcas de una vez por todas la mejor manera de salir al mercado, sin tener que pasar largas horas aprendiendo a manejar e integrar *softwares* complicados y costosos.

Si quieres saber más de esta poderosa plataforma de servicios digitales y cómo lanzar un promisorio negocio en la industria de la educación a distancia, participa en la próxima edición del **Reto TIC**, donde te daré todos los detalles.

Sólo visita la página web que aparece en la contraportada de este libro y asegura tu lugar. Es totalmente gratis.

3.3 TU OFERTA IRRESISTIBLE

Hay un elemento fundamental que hace la diferencia entre un negocio digital que genera ingresos y otro que apenas alcanza el punto de equilibrio: La oferta.

Debes diseñar una oferta que resulte irresistible para tu público, algo que en su conjunto aporte un valor muy superior al precio que pides. A partir de tu oferta podrás crear una página de ventas y una masterclass, capaces de convertir visitantes en clientes.

TU OFERTA SE COMPONE DE LOS SIGUIENTES 5 ELEMENTOS:

- Contenido de tu curso
- Bonos gratuitos y lista de recursos
- Soporte a tus suscriptores
- Precio, descuentos especiales y plan de pagos
- Garantía

1. EL CONTENIDO DE TU CURSO DEBE ESPECIFICAR:

- Número de módulos
- Número de lecciones
- Duración del curso en función de las horas para consumir todo el contenido

- Tiempo estimado en que los alumnos verán el resultado esperado (puden ser días, semanas y meses)

MÉTODO DE ENTREGA: Todo de golpe o por goteo (y si es por goteo, incluir un calendario que especifique cada cuándo se liberan módulos y lecciones).

2. BONOS GRATUITOS

Todas las ofertas de lanzamiento exitosas incluyen bonos gratuitos adicionales al curso, estas bonificaciones impulsan las ventas y motivan a tu audiencia para actuar pronto.

Puedes decidir qué bonos estarán disponibles durante el período de lanzamiento y qué bonos se incluirán con motivo de una "acción rápida", por ejemplo, para quienes compren el curso durante el webinario en vivo.

También puedes entregar bonos durante el desarrollo del curso (días/semanas después de haber iniciado) o bien, hacer una oferta del tipo: "esta bonificación sólo estará disponible durante las próximas 24 hrs, para quienes decidan tomar acción ahora mismo". Este tipo de estrategias te ayudará a incrementar tus resultados de manera notoria.

Por último, para entregar ciertos bonos solamente a algunos estudiantes que califiquen para ello, existe la posibilidad de etiquetar usuarios en la herramienta de correos automatizados y eso es algo que también se puede hacer dentro de la plataforma que utilizamos para impartir el Seminario en Línea **Tu Curso Digital (TCD)**.

CLAVE DE ÉXITO:

"Brinda a los estudiantes tiempo para reflexionar los conceptos, de esta manera tendrán una comprensión más profunda del tema e implementarán lo aprendido más rápidamente"

---

3. APOYO Y SOPORTE DURANTE EL CURSO

Durante el desarrollo de tu programa ¿tus estudiantes tendrán acceso a ti para recibir apoyo?

Si proporcionas algún tipo de soporte o asistencia mientras los estudiantes siguen el curso, la percepción de valor de tu oferta será mucho mayor y tus ventas aumentarán.

No es necesario brindar soporte de manera ilimitada. Define las fechas y horarios durante la duración del curso, en las que puedes asistir a tus estudiantes y no generes falsas expectativas.

El objetivo es lograr una relación ganar-ganar tanto para ellos como para ti. También debes especificar cómo exactamente los ayudarás: en sesiones grupales vía Zoom y Google Meet, a través de mensajes en tu grupo privado de Facebook, uno a uno, por correo electrónico, en la sección de comentarios del *E-Learning*, en persona, etc.

4. PLAN DE PAGO

¿Cuál es el precio de tu curso?

¿Ofrecerás algún descuento por pronto pago durante la masterclass?

¿Hay posibilidad de pagar el monto total en 3 mensualidades?

Los planes de pago pueden aumentar tus ventas, ya que reducen la barrera de entrada referente al costo. Eso hace más fácil que tus alumnos decidan adquirir tu curso. Puedes ofrecer por ejemplo: dividir el total en 3 cargos automáticos, uno por cada mes durante 3 meses o bien, pagar el total en una sola exhibición, con un pequeño descuento.

5. GARANTÍA

¿Cuál es tu garantía? Cuando alguien compra tu curso quiere saber cuáles son sus opciones si acaso tu curso no le gusta o siente que no es adecuado después de haberlo comprado. Cuanto más puedas eliminar el riesgo que implica la compra para tus clientes, más probabilidades habrá de que se animen a adquirir tu programa.

Las garantías sirven para eliminar cualquier duda a la hora de tomar la decisión de comprar, pero tampoco quieres atraer a personas que no tienen la intención de aplicarse a fondo para crear su propio curso y deciden cancelar inmediatamente después de comprar.

Encuentra un equilibrio para que tanto ellos como tú se sientan a gusto.

Por último, una oferta irresistible es la cereza del pastel de tu carta de ventas y masterclass, por lo que es sumamente importante aprender a desarrollar ofertas imposibles de rehusar.

3.4 GUÍA PARA CREAR TU TALLER DURANTE EL LANZAMIENTO BETA

Una vez que hayas definido tu oferta irresistible y tu carta de ventas, es momento de crear tu webinar.

En este segmento, te presentaré un ejemplo de cómo puedes presentar tu información durante el taller en vivo, de tal suerte que luzcas como todo un profesional, enganches a tu audiencia e incrementes tus ventas al final del mismo.

Las presentaciones de este tipo están estructuradas de una manera que te permite convertir a tus espectadores en compradores de tu curso. Lo primero que debes hacer, es responder a la pregunta que el asistente se estará haciendo a sí mismo, durante tu taller:

¿De qué me puede servir esta información?

En el momento en que los asistentes sienten que tu contenido no es relevante o útil para ellos, pierdes su atención y se retiran. Entonces, siempre pon el foco en tus espectadores, no en ti ni en tu producto, y responde a esa pregunta más de una vez durante tu exposición.

CLAVE DE ÉXITO:
"Aprendemos mejor cuando centramos nuestra mente en una cosa a la vez"

Durante las ediciones del **Reto TIC**, que son en sí mismas lanzamientos de producto, utilizamos archivos con nuestras presentaciones que editamos constantemente, añadiendo nueva información que recabamos con cada experiencia.

De esta manera mejoramos nuestro contenido y tasas de conversión en cada evento.

Te recomiendo hacer lo mismo con tus lanzamientos y construir un negocio rentable a través de optimizar tus proceso.

Veamos en qué consiste la guía que utilizo para crear talleres y webinars en mis lanzamientos.

No tienes que seguir al pie de la letra estas recomendaciones, si algo no te funciona o hace sentido, hazlo a un lado y déjalo fuera. Siéntete libre de hacer los cambios que consideres conveniente. Esta es una simple guía para crear tu presentación en en diapositivas sin perderte en el camino.

1. BIENVENIDA

Entre 10 y 15 minutos antes del inicio oficial de tu masterclass, puedes mostrar la diapositiva de bienvenida, la cual presenta el **título** y el **subtítulo** de tu presentación.

2. PROMESA DE BONO POR ATENDER TODO EL WEBINAR

Motiva a tu audiencia para que se queden hasta el final de tu presentación. Promete un bono especial para los que permanezcan durante toda la masterclass.

3. NO DISTRACCIONES

Recuérdales que se mantengan concentrados, para que su tiempo durante la presentación sea una buena inversión. Aquí es donde les dirás que apaguen su teléfono celular, cierren las ventanas de su computadora, la puerta, etc.

4. ESTÁS EN EL LUGAR ADECUADO

Cita ejemplos que describan la situación de tu cliente ideal, por ejemplo:

"Si estás motivado para empezar un negocio enseñando lo que sabes, eres coach de negocios y quieres darle un impulso a tu carrera, te dedicas a la docencia y buscas maneras de generar ingresos adicionales, estás en el lugar correcto."

5. HAZ Y PIDE COMPROMISOS

Puedes decir:

"Durante esta presentación, me comprometo hacer todo lo que esté de mi parte para que el tiempo que inviertas aquí valga la pena. Solo te pido a cambio escuchar con apertura lo que tengo que decirte. *Aquello que haga sentido para ti, conservarlo y úsalo en tu beneficio. Lo que no, simplemente déjalo fuera y olvídalo. ¿Estás de acuerdo?"*

6. TUS CUALIFICACIONES (GENERALMENTE 2-3 DIAPOSITIVAS)

Hazles saber a los asistentes que eres la persona indicada para enseñar lo que quieren saber. Estas diapositivas generan confianza. Comparte alguno de tus logros, una estadística de tu trayectoria profesional, el número de clientes atendidos a los que has ayudado a lograr un resultado, los años que llevas en tu campo de trabajo o una combinación de todas las opciones anteriores.

El punto es construir tu autoridad mostrando tu experiencia. En este punto, ya debes haber generado confianza con ellos, lo que facilitará la venta posteriormente.

Aquí también puedes compartir una y máximo 2 fotos tuyas personales y hablar de cómo era la vida antes de obtener tus resultados y cómo es ahora.

Atención: a los asistentes no les importa cómo es tu familia o si tienes un lindo perro. La magia está en hacer que tu historia signifique algo para ellos y les ayude a lograr lo que quieren. Si utilizas este recurso, se breve.

7. UN DÍA EN LA VIDA

Presenta de qué manera te ha ayudado el saber lo que ahora vas a compartir. Describe un día en tu vida actualmente, qué ha cambiado para tu "yo" de hoy, con relación a tu "yo" del pasado.

Utiliza imágenes y sé breve.

8. VISIÓN DE FUTURO

Llévalos a un estado en el que puedan visualizar cómo mejorará su situación. Muéstrales cómo se vería su vida si lograran el objetivo.

Usa la frase "¿Te imaginas si...?"

Ejemplo: "¿Te imaginas cómo sería tu vida si tuvieras un negocio en Internet que te permitiera disfrutar de más tiempo libre para ti y tu familia? Y esto lo lograrás sin tener que (pon el dolor, la frustración, las cosas que odian hacer)."

9. PRESENTA LO QUE VAN A APRENDER EN TU MASTERCLASS

Este es el momento en el que presentas lo que van a aprender. Utiliza términos atractivos para sustentar tu propuesta de valor:

- Los 3 Secretos de...
- Las Estrategias más efectivas para...
- ¡Descubre cómo ... en sólo 7 Pasos!
- 5 Técnicas para...
- Consejos de los 3 expertos más reconocidos en...
- Maneras fáciles y rápidas con las que podrás...

Cuenta historias y anécdotas personales. Lecciones de lo que has aprendido, errores que has cometido, cosas con las que ellos se puedan identificar y llévalos a la conclusión de que la solución que tú encontraste, puede ser la de ellos. Demuestra que sí es posible.

10 EL CAMINO

Describe de manera concreta los puntos que vas a desarrollar durante tu presentación, en el orden en que lo harás. En otras palabras: describe el camino a seguir para presentar tu contenido.

11. CONTENIDO

Aquí empiezas a exponer el contenido de tu curso. Utiliza el número de diapositivas necesarias, pero sin exagerar. Tu contenido debe ser de alto valor. No lo pienses demasiado y revela algunos de tus mejores secretos.

12. TESTIMONIAL / CASO DE ÉXITO

Presenta casos de éxito o testimoniales de algunos de tus clientes que hayan logrado resultados con tu ayuda. Puedes integrar estos ejemplos de casos exitosos para terminar cada punto de tu exposición, en lugar de todos juntos. Si aún no tienes casos de éxito ni testimoniales registrados, presenta un ejemplo concreto de cómo alguien se ha beneficiado con la misma información que tú compartes en tu curso. Asegúrate de que sea un caso real.

13. INTERACCIÓN CON LA AUDIENCIA

En 2 ó 3 ocasiones durante tu presentación, invita a los asistentes a interactuar contigo. Incluye en esas oportunidades una diapositiva con una frase que diga algo como: "Ve a los comentarios y comparte conmigo una idea que tengas en cuanto a tal o cual punto."

14. DEMUESTRA EL VALOR DE TU CONTENIDO

Después de cubrir los puntos de tu capacitación, haz una pregunta, por ejemplo: "Si al aplicar lo que acabas de aprender logras captar 3 clientes adicionales cada mes, ¿cuánto crees que vale esta información para ti?

Si tienes pruebas de estos resultados, no dudes en incluirlas. Si no las tienes aún, mide y registra tus logros desde este momento y empieza a compartir tus pruebas tan pronto como sea posible.

15. PRESENTA LA OPORTUNIDAD

"Nunca hubo una mejor oportunidad para empezar [aquí anotas lo que estás proponiendo]".

- Razón 1
- Razón 2
- Razón 3
- Etc.

16. ÉCHALE SAL A LA HERIDA

En ocasiones, querrás recordarles las posibles razones de porqué no han logrado "concretar ese sueño", "aprovechar esa oportunidad" o "alcanzar ese objetivo" o incluso "librarse de ese dolor". Dirás algo como:

Quizás ya probaste todas las alternativas que existen y ninguna parece funcionar (menciona dichas alternativas y la razón de por qué no funciona cada una de ellas).

17. HE PASADO POR ESAS

Diles que entiendes cómo se sienten, qué has estado en dónde ellos se encuentran ahora mismo y que no es su culpa que estén experimentando esas frustraciones y dolor. Es sólo que no han descubierto la solución.

18. EL GRAN CAMBIO

Aquí les dirás cómo fue que un buen día, te diste cuenta de que las cosas podían ser distintas. Revelarás aquello que te hizo ver el problema desde otra perspectiva, tu gran descubrimiento, y cómo a partir de ese punto cambiaste la manera de enfrentar el problema y lo solucionaste. Piensa en un momento de "epifanía".

19. ¿CUÁNTO VALDRÍA PARA TI?

"¿Cuánto valdría para ti (o tu empresa) un método paso a paso, elaborado para solucionar [anota las áreas de conflicto, dolor y frustración]?".

20. LA TRANSICIÓN HACIA TU PRODUCTO

Si quieres saber más de lo que te acabo de enseñar, probablemente te interesa escuchar la siguiente información, pon mucha atención:

- He creado un sistema de "n" pasos sobre [tu tema].
- Lo voy a enseñar como un curso digital de "X" horas/días/semanas.
- Se llama [nombre de tu curso]

21. LO QUE OBTENDRÁN TUS CLIENTES

En esta parte, les dirás las cosas que pueden lograr si toman tu curso.

Si decides unirte a mí programa, podrás:

- Incrementar...
- Disminuir...
- Expandir...
- Acelerar...
- Etc.

22. CÓMO FUNCIONA TU PROGRAMA

Simplemente diles la manera en que funciona tu curso.

Si es un entrenamiento de 4 semanas, informa cómo vas a entregar el contenido durante ese tiempo. Diles que después de pagar, recibirán un correo electrónico con sus datos de acceso de inicio de sesión y contraseña y que pueden comenzar con los primeros videos a su propio ritmo. Muéstrales lo fácil que es usar la plataforma *E-learning* que utilizas y lo sencillo que será para ellos avanzar durante todos los módulos y lecciones del programa.

23. TU OFERTA IRRESISTIBLE

Este es el momento de revelar tu oferta irresistible, con todos y cada uno de los puntos que incluíste en ella al diseñarla:

- Módulos
- Lecciones
- Bonos Gratuitos
- Soporte
- Comunidad en redes

24. REVELA EL PRECIO

Haz un comparativo de lo que tu información puede valer. Menciona que podrías cobrar fácilmente 1k, 3k, 5k por tu capacitación y lo demuestras refiriéndote al incremento de "N" clientes mensuales, mismo del que se habló en el **paso 14**.

Termina diciendo cómo llegaste a tu precio final, que primero consideraste un precio "X" (precio mayor al que finalmente les darás), pero que después de pulir el lápiz, llegaste al precio "Y" (precio menor y accesible a tu público).

Y cierras el comparativo: "Esto es algo que podría cobrar más alto de lo que estoy pidiendo y que puede incrementar tus ventas "X" por ciento".

O bien: "Cuesta una décima parte de lo que pagas por otro lado cada año, pero aquí sólo tienes que aprender a hacerlo por tu cuenta una vez. Eso representa un ahorro del 90%, pero ¡CADA AÑO! Entonces, ¿cuánto puede valer eso para ti?"

25. LA VENTA (CLAUSURA)

Una vez que has dejado claro que tu oferta es verdaderamente una ganga, procedes a hacer la venta con un comentario como el siguiente:

"Si quieres unirte a mi programa, puedes hacerlo haciendo clic en el botón de registro o yendo directamente a *TuDominio.com*, para hacer tu pago"

No lo olvides, vende a tu público lo que quieren y asegúrate de entregarles lo que necesitan. No estás manipulando a la gente al hacer esto, los estás ayudando a resolver sus problemas, miedos, dolores y frustraciones.

26. VUELVE A PRESENTAR LO QUE OBTENDRÁN

- Módulos
- Lecciones

- Bonos gratuitos y muy importante, el valor total de cada uno, para que vean lo que se están ahorrando.
- Soporte
- Comunidad en redes
- Precio final
- Descuento (si acaso aplica)
- Plan de pagos (si acaso aplica)
- Garantía de devolución de dinero

27. ÚLTIMA LLAMADA A LA ACCIÓN

Invítalos a registrarse haciendo clic en el botón correspondiente o yendo a tu página de ventas.

28. EL RECORRIDO DEL PAGO

Muéstrales qué verán exactamente cuando hagan clic en el botón de "comprar", que será precisamente la forma de registro que deberán de llenar para inscribirse en tu curso. Describe todo el proceso de la A a la Z.

Esto aumentará el factor de confianza con tus asistentes mientras están en tu seminario web y aumentará tus conversiones.

Entonces, guíalos a través de la secuencia del proceso de pago. Específicamente, muestrales la parte de tu página de ventas donde se localizan los botones de compra, el formulario de pedido, la página de confirmación cuando su pedido se procesa correctamente. Diles que les llegará el correo electrónico de bienvenida (señala el asunto), recorre brevemente la página de inicio de sesión del curso, el área de miembros y por dónde empezar. Recuérdales la fecha de inicio del curso para que no tengan expectativas equivocadas.

29. OBJECIONES

Aborda 3 a 5 miedos y preocupaciones que están experimentando en ese momento algunos miembros de la audiencia y recuérdales que tienen dos opciones: no hacer nada y seguir viviendo como hasta ese momento y sin cambios, o bien, tomar acción y empezar a transformar su vida o resolver su problema, cualquiera que sea el caso.

30. CIERRE FINAL

Utiliza un cronómetro de conteo regresivo para despedirte y transitar de tu presentación, a la sesión de preguntas y respuestas, con el temporizador funcionando hasta llegar a cero.

Fin de tu webinar e inicio de la venta de tu curso digital.

CONCLUSIONES

Construir un negocio y un estilo de vida enseñando lo que sabes es posible y si llegaste hasta aquí, estoy seguro que es porque tienes un sueño pendiente, una meta que cumplir.

Puedes hacerlo. Este es tu momento. Hay un potencial enorme en la industria de la educación a distancia y si has invertido tiempo y dinero para adquirir tus conocimientos en cualquier área de especialidad, esta es tu mejor oportunidad para convertir ese "saber hacer" en un negocio rentable que te produzca ingresos mes a mes.

Imagina cómo sería convertir tu riqueza de conocimientos, en un curso en línea que puede ayudar a cientos de personas a dominar una nueva habilidad, aprender un nuevo hábito o cambiar sus vidas. Cómo se sentiría ser considerado un experto en tu campo, proporcionar inspiración, orientación y tutoría a muchas personas a la vez.

Crear un curso en línea puede ser la solución que estás buscando para obtener un ingreso adicional significativo, mientras te quedas en casa con los niños. ¡Vender cursos también es el trabajo perfecto para los introvertidos!

Cualquiera que sea tu razón para haber adquirido este libro, si realmente tienes el deseo, y más importante aún, el compromiso de crear un curso en línea, nada me daría más gusto que saber que este libro te ha mostrado el camino para convertir tu sueño en realidad.

Cuando lees u oyes algo, puedes hablar de ello y tener una mejor comprensión del tema, pero en realidad no lo sabes. En otras palabras, sólo sabes algo hasta que lo haces, hasta que lo vives. Este libro es sólo el comienzo de tu viaje para construir un mejor futuro. Hay muchas otras cosas que puedes hacer para profundizar en estos temas y acelerar tu proceso para convertirte en un **Edu Empresario** de éxito.

Si te pareció útil el conocimiento que acabas de adquirir, te invito a vivirlo y ampliar las ideas que te proporciona este libro, inscribiéndote al Reto **Tu Idea de Curso Redituable**.

Durante este evento transformador, conocerás los pasos para crear un curso digital de alta demanda que te permita rentabilizar tus conocimientos. Descubrirás una comunidad de personas con intereses afines a los tuyos, que pueden acompañarte en el sendero del Edu Empresario, brindarte retroalimentación y ayudarte a lograr tu meta de emprender un negocio rentable **enseñando lo que sabes.**

Muchas personas están atravesando problemas económicos que no vieron venir, pero el verdadero problema es que tienden a culpar a sucesos externos de su mala suerte y aunque es posible que tengan razón, esa actitud no cambiará su situación.

No hay pretexto que valga para no empezar a tomar medidas **hoy.** Mi propósito de vida es reformar el sistema educativo y presentar una manera más eficiente de aprender, para ayudar a más personas a operar un cambio positivo en su vida.

Por todo lo anterior, te invito de todo corazón a tomar parte en el evento gratuito online **Tu Idea de Curso Redituable.** No es una exageración decir que esta experiencia formativa puede convertirse en un hito en tu vida.

Visita **RetoTic.TuCursoDigital.org** y consulta las fechas de su próxima edición.

Si decides formar parte de este programa, que está cambiando el destino de muchas personas, me va a dar mucho gusto verte ahí y conocerte en persona.

¡Gracias por leer mi libro!

Jorge Zurita

P.D. ¿Estás listo para entrar a la industria de la educación a distancia, creando y lanzando tu primer curso en línea?

GLOSARIO

A continuación te presento algunos términos comunes que se utilizan en la creación de tu curso digital.

EDU-EMPRESARIO: Persona experta en algún sector productivo, que ha acumulado un "saber hacer" que el mercado demanda y que decide emprender educando, a través de crear un curso digital que ayude a otras personas a lograr un resultado específico.

E-MAIL MARKETING: También conocido como *Mailing*, consiste en una serie de correos que se van enviando de manera automatizada, redactados para estrechar las relaciones con tus suscriptores y promover la venta de tus productos y servicios.

AUTORESPONDEDOR: Una respuesta automática por correo electrónico a un suscriptor de tu lista (*Mailing*). Por ejemplo, si alguien se inscribe en su lead magnet, a menudo recibirá el enlace para descargarlo a través de un autoresponder.

REMARKETING: Técnica del marketing online que consiste en alcanzar en redes sociales a usuarios que ya han visitado una página web, pero que no finalizan su proceso de compra, presentando tu publicidad en su pantalla o muro.

WEBINAR: Webinar es la combinación de las palabras Web y Seminario. Por tanto, un webinar es un vídeo-seminario o una vídeo-conferencia en línea, que se realiza a través de un software y que permite impartir una clase o presentación virtual.

AFILIADO: Individuo o empresa que vende productos o servicios en nombre de otra compañía. A cambio, el afiliado recibe una comisión. Un sistema de afiliados es ideal para que tu curso llegue a más clientes.

AVATAR: Avatar es una representación de tu cliente ideal. Es más que un simple perfil de cliente. Hablar de un avatar es hablar de un sujeto imaginario, como si se tratara de una persona real.

BONOS GRATUITOS: Son piezas de contenido independiente a tu curso, pero complementarias para un mejor aprendizaje y están diseñadas para superar objeciones de tus clientes potenciales. Las bonificaciones son un componente clave de una oferta exitosa.

PÁGINA DE PAGO: El equivalente en línea de una caja de pago física en una tienda, donde un cliente potencial completa su información de pago y hace clic en el botón "comprar". Esto suele aparecer inmediatamente después de la página de ventas e inmediatamente antes de la página de agradecimiento.

ABRIR CARRITO: Es el período de apertura de venta de tu producto. Significa que tu producto está disponible para ser comprado.

CERRAR CARRITO: Es el período final de un lanzamiento de producto, cuando cierra tu carrito y tu oferta ya no está disponible para nuevos clientes.

AUTOMATIZACIÓN DE CORREO ELECTRÓNICO: Es enviar correos electrónicos automatizados a personas segmentadas dentro de tu lista. Un ejemplo de automatización de correo electrónico es la secuencia de correos que programas para enviar a tus prospectos que no compraron los días de lanzamiento y otro correo distinto a quienes sí lo hicieron.

SISTEMA DE GESTIÓN DE CORREO ELECTRÓNICO: Es la plataforma que recopila y gestiona todo el correo electrónico.

EMBUDO: Un embudo es un proceso mediante el cual los nuevos clientes potenciales se mueven a través de varias páginas de tu sitio. El objetivo de un embudo es hacer marketing y ventas de tu producto o servicio, de manera automatizada.

NICHO: Segmento pequeño pero específico y bien definido de un mercado, creado para identificar necesidades, deseos y oportunidades.

OBJECIÓN: Una objeción es cualquier tipo de razón por la que tus clientes potenciales no compran tu producto. Podría estar relacionado con el precio, el valor, el tiempo de entrega, etc.

PRELANZAMIENTO: Período durante el cual te enteras de las posibles objeciones, para abordarlas y superarlas durante el lanzamiento.

OFERTA: El *lead magnet* (imán de atracción) es un regalo digital que ofreces, a cambio de una dirección de correo electrónico.

OPT-IN: Cuando alguien te da su dirección de correo electrónico a cambio del Lead Magnet, está optando por ingresar a tu lista (Opt in).

PAYMENT GATEWAY: Tecnología que funciona en segundo plano en un sitio web para autorizar transacciones financieras (normalmente a través de tarjetas de crédito y débito). Es el equivalente en línea de una caja registradora en una tienda y funciona con tu página de pago.

PÁGINA DE VENTAS: Página web diseñada específicamente para asegurar las ventas de tu producto (normalmente incluye en tu video de ventas, testimonios de otros compradores, garantía, etc.).

VIDEO DE VENTAS: Un video diseñado para cerrar la venta. Normalmente se reproduce en tu página de ventas. El aspecto más importante de este tipo de videos es la transformación que brinda tu producto al comprador (y no aquello que vendes).

CARRITO DE COMPRAS: Software que es el equivalente en línea de un carrito físico.

SQUEEZE PAGE / LANDING PAGE / OPT-IN PAGE (estos términos se utilizan a menudo indistintamente): Es una página de tu sitio web donde los clientes pueden proporcionar su nombre y / o correo electrónico a cambio de un *Lead Magnet*.

ETIQUETADO (TAGS): Una forma de categorizar e identificar diferentes segmentos de personas, de acuerdo a su comportamiento dentro de tu funnel. Por ejemplo, puedes crear una etiqueta para "clientes potenciales", otra para "clientes actuales" y a continuación, puedes utilizar estas etiquetas para crear secuencias de correo electrónico para enviarles a cada grupo.

AGRADECIMIENTOS

Escribir un libro es una tarea ardua y difícil, al menos para mí lo es. Tiene la apariencia de ser una labor individual, pero la realidad es que, si quieres que trascienda fronteras y lo lean miles o — como yo espero —, millones de personas, se requiere de un equipo de profesionales y mentes expertas que te ayuden a llegar más lejos. A todos ellos les digo: Gracias.

A mi compañera de vida, Mónica, mi más sincero agradecimiento por su apoyo irrestricto en todo momento. Gracias Mónica ¡Te amo con toda mi alma!

A mis adorados hijos, Jorge y Sandra, gracias por permitirme el tiempo y el espacio necesarios para cumplir lo que vine a hacer al mundo.

Mi agradecimiento sincero a Erick Salgado, Fundador de Builderall, quien merece un crédito muy especial aquí. Con su guía y motivación hice un cambio significativo en mi camino profesional y en medio de la peor crisis que ha azotado al mundo, pude darle cauce a este ambicioso proyecto, esta aventura de transformación que está impactando positivamente más vidas cada vez. Erick, es un honor para mí contarte como amigo.

www.ingramcontent.com/pod-product-compliance
Lightning Source LLC
Chambersburg PA
CBHW021803190326
41518CB00007B/432